T0198710

essentials

essentials liefern aktuelles Wissen in konzentrierter Form. Die Essenz dessen, worauf es als „State-of-the-Art" in der gegenwärtigen Fachdiskussion oder in der Praxis ankommt. *essentials* informieren schnell, unkompliziert und verständlich

- als Einführung in ein aktuelles Thema aus Ihrem Fachgebiet
- als Einstieg in ein für Sie noch unbekanntes Themenfeld
- als Einblick, um zum Thema mitreden zu können

Die Bücher in elektronischer und gedruckter Form bringen das Expertenwissen von Springer-Fachautoren kompakt zur Darstellung. Sie sind besonders für die Nutzung als eBook auf Tablet-PCs, eBook-Readern und Smartphones geeignet. *essentials:* Wissensbausteine aus den Wirtschafts-, Sozial- und Geisteswissenschaften, aus Technik und Naturwissenschaften sowie aus Medizin, Psychologie und Gesundheitsberufen. Von renommierten Autoren aller Springer-Verlagsmarken.

Weitere Bände in der Reihe http://www.springer.com/series/13088

Michael Schäfer · Ludger Rethmann

Öffentlich-Private Daseinsvorsorge (ÖPD) in Deutschland

Gemischtwirtschaftliche Unternehmen auf kommunaler Ebene als strategischer Erfolgsfaktor

Michael Schäfer
Berlin, Deutschland

Ludger Rethmann
Vorstandsvorsitzender
Remondis SE & Co. KG
Lünen, Nordrhein-Westfalen
Deutschland

ISSN 2197-6708 ISSN 2197-6716 (electronic)
essentials
ISBN 978-3-658-31099-8 ISBN 978-3-658-31100-1 (eBook)
https://doi.org/10.1007/978-3-658-31100-1

Die Deutsche Nationalbibliothek verzeichnet diese Publikation in der Deutschen Nationalbiblio-
grafie; detaillierte bibliografische Daten sind im Internet über http://dnb.d-nb.de abrufbar.

Planung/Lektorat: Isabella Hanser
Springer Gabler ist ein Imprint der eingetragenen Gesellschaft Springer Fachmedien Wiesbaden
GmbH und ist ein Teil von Springer Nature.
Die Anschrift der Gesellschaft ist: Abraham-Lincoln-Str. 46, 65189 Wiesbaden, Germany

Was Sie in diesem *essential* finden können

- Die Begründung, warum Öffentlich-Private Partnerschaften in privatwirtschaftlichen Systemen ein objektives Erfordernis sind
- Eine Kategorisierung von Öffentlich-Privaten Partnerschaften für Deutschland nach Ebenen (staatlich bzw. kommunal), nach den Gegenständen der Kooperation und deren Intensität
- Die Argumentation, warum Öffentlich-Private Partnerschaften im Bereich der existenziellen Daseinsvorsorge unter qualitativen Aspekten ein Sonderfall sind und deshalb der neue Begriff Öffentlich-Private Daseinsvorsorge (ÖPD) geprägt wurde
- Ziele und Anforderungen an Öffentlich-Private Daseinsvorsorge auf kommunaler Ebene mit dem Schwerpunkt gemischtwirtschaftliche Unternehmen und Vorstellung der zwei größten auf diesem Gebiet bestehenden Beteiligungsnetzwerke

Vorwort

Der Terminus Öffentlich-Private Partnerschaften (ÖPP) oder neudeutsch Public-Private Partnerships (PPP) meint rein semantisch erst einmal nur eine irgendwie geartete Interaktion zwischen öffentlichen und privaten Akteuren. Im politischen, publizistischen und auch im wissenschaftlichen Kontext wird er jedoch weitgehend auf ein bestimmtes Finanzierungs- und Betriebsführungsmodell für öffentliche Infrastrukturen reduziert, welches allerdings durch einige Fehlentwicklungen und Übertreibungen einen veritablen Imageschaden erlitten hat.

Auch die Begriffe der Privatisierung bzw. der Kommunalisierung sind mittlerweile ideologisch recht stark aufgeladen. Hier hat sich in den vergangenen 20 Jahren ein spürbarer Bewusstseinswandel vollzogen. Wurden zu Beginn der 1990er Jahre noch vornehmlich die Inneffizienz und Behäbigkeit öffentlicher Akteure beklagt, ist spätestens seit der weltweiten Wirtschafts- und Finanzkrise die vermeintlich hemmungslose kapitalistische Profitgier ins Fadenkreuz der öffentlichen Meinung geraten.

Wegen dieser Zuspitzungen hat die sachbezogene Diskussion über das kooperative Miteinander von Produzenten und Leistungserbringern unterschiedlicher Eigentümerkategorien erheblichen Schaden genommen. Das ist fatal. Denn gemeinsame Wertschöpfungsketten sind bei der realen Allokation des Produktivvermögens in unserer Wirtschaftsordnung – rund 88 Prozent Privateigentum, zwölf Prozent andere Eigentumsformen – und der weiter voranschreitenden Arbeitsteilung ein objektives Erfordernis. Es ist deshalb geboten, die Potenziale Öffentlich-Privater Partnerschaften vorurteilsfrei in den Blick zu nehmen. Dabei hat für uns die Daseinsvorsorge eine herausgehobene Bedeutung. Wir zeigen, dass das Zusammenwirken von Öffentlicher Hand und Privatwirtschaft für die

Bereitstellung lebensnotwendiger Leistungen für die Menschen in unserem Land unverzichtbar ist.

Eine komplexe Analyse dieses Sachverhaltes haben die Autoren des vorliegenden Essentials in ihrem Anfang 2020 bei Springer Gabler erschienenen Buch „Öffentlich-Private Partnerschaften. Auslaufmodell oder eine Strategie für kommunale Daseinsvorsorge?" vorgenommen.

Wir ersetzen im nun folgenden Essential-Band das Frage- durch ein Ausrufezeichen. Mit dem von uns neu geprägten Begriff Öffentlich-Private Daseinsvorsorge (ÖPD) machen wir deutlich, dass solche Kooperationen bei der Erbringung existenzieller Leistungen etwas Besonderes sind. Zum anderen zeigen wir mit einer erstmaligen qualitativen und quantitativen Bestandsaufnahme das besonders große Gewicht von ÖPD auf kommunaler Ebene.

Diese Wertung treffen wir in Relation zu allen weiteren Feldern öffentlich-privater Kooperationen und zeigen, dass in der bisherigen Literatur ÖPP auf vertraglich basierte Mitwirkungen der privaten Seite reduziert wurden.

Unser ÖPP-Buch ist eine wesentliche Grundlage für dieses Essential. Viele dort niedergelegte, neue Erkenntnisse pointieren wir jetzt für die Öffentlich-Private Daseinsvorsorge. Folgerichtig ist das originäre Literaturverzeichnis eher knapp. Das würde die Erwartungen vieler Leser an die komprimierte Wissensvermittlung eines Essentials enttäuschen. Wir haben uns deshalb in Abstimmung mit dem Verlag entschlossen, die von uns für das ÖPP-Buch ausgewertete Literatur (ohne die dort auch genannten weiterführenden Quellen) am Ende dieses Essentials aufzuführen.

Wer am Thema umfassend interessiert ist – dieser Hinweis sei uns abschließend gestattet – sollte beides, das ÖPD-Essential und unser ÖPP-Buch, zur Kenntnis nehmen.

Prof. Dr. Michael Schäfer
Ludger Rethmann

Inhaltsverzeichnis

Einleitung

1

Die gesamte bisherige Literatur zu Kooperationen der öffentlichen Hand mit der privaten Wirtschaft (national und international) konzentriert sich auf sogenannte Vertragspartnerschaften mit langen Laufzeiten. Diese betreffen in erster Linie die Implementierung neuer oder die Sanierung vorhandener öffentlicher Infrastrukturen von der Modernisierung von Schulen, dem Bau von Autobahnen, Tunneln, Brücken oder Messehallen bis hin zu Netzen für die IT- und Telekommunikationsversorgung.

Es handelt sich zumeist um Paketlösungen. Neben dem Bau oder der Instandsetzung der Infrastruktur ist auch deren Betrieb über den sogenannten Lebenszyklus von 25 bis 30 Jahren Gegenstand dieser vertraglich verfassten Kooperationen.

Die privaten Partner stehen für die Erbringung der Leistungen. Die öffentliche Seite ist zumeist Eigentümer der Bauwerke, deren Nutzer und trägt alle Kosten: für die Bauleistungen, den Betrieb der Bauwerke und die Kapitalkosten mit einer marktüblichen Verzinsung.

Für den Staat oder die Kommunen haben solche Vertragsmodelle zunächst den Vorteil, dass die gesamten Projektkosten privat vorfinanziert werden. Die laufende Rückzahlung obliegt der öffentlichen Seite, die damit letztendlich „Kreditnehmer" ist. Das ist in der Mehrzahl der untersuchten Fälle teurer als die klassische Finanzierung einer Eigenerledigung. Ursache dafür, dass solche Öffentlich-Privaten Vertragspartnerschaften dennoch realisiert werden, sind oft Engpässe bei der Liquidität. Diese werden durch die Langfristmodelle zunächst kompensiert. Allerdings unter Umgehung gesetzlicher Limitierungen für öffentliche Kreditaufnahmen, was zwar legal, in der Sache aber falsch ist. Denn der kurzzeitige Vorteil, überfällige Infrastrukturprojekte endlich starten zu können, wird zum langfristigen Nachteil. Die jährlichen Zahlungen – sofern die

© Springer Fachmedien Wiesbaden GmbH, ein Teil von Springer Nature 2020
M. Schäfer und L. Rethmann, *Öffentlich-Private Daseinsvorsorge (ÖPD) in Deutschland,* essentials, https://doi.org/10.1007/978-3-658-31100-1_1

Umsetzung teurer als die Eigenerledigung wird – belasten auf lange Sicht die
Haushalte stärker, erhöhen dadurch die Schuldenlast und schränken die investiven
Spielräume ein.

Dies gilt für viele Vertragspartnerschaften in Europa im Zeitraum der 80er
und 90er Jahre des vorigen Jahrhunderts bis zur weltweiten Wirtschafts- und
Finanzkrise der Jahre 2008/2009. In deren Folge verlangsamte sich der Auf-
wuchs öffentlich-privater Vertragspartnerschaften sehr deutlich. Die Zuver-
sicht, die alleinige oder federführende Realisierung von Infrastrukturprojekten
durch die private Wirtschaft sei Garantie für mehr Qualität und höhere Effizienz,
wurde durch reale Bewertungen ersetzt. Es begann der starke Trend zur
Rekommunalisierung, der bis heute anhält und leider auch nicht frei von ideologischen Überspitzungen ist.

Dass Öffentlich-Private Partnerschaften in erster Linie für Infrastrukturprojekte bis 2008/2009 Großkonjunktur hatten und danach auf deutlich kleinerer
Flamme auch fortgesetzt wurden, lag am starken faktischen und damit auch
politischen Druck, die vorhandene Infrastruktur nicht nur funktionsfähig zu
halten, sondern auch zu erweitern. Dafür stehen beispielhaft die Forderungen der
Wirtschaft an die Straßen-, Schienen und Wassernetze im Zusammenhang mit
der zunehmenden internationalen Arbeitsteilung. Für deren Erfüllung hatte die
Öffentliche Hand vor allem durch die Nullzinspolitik größere finanzielle Spielräume.

Die investiven Erfordernisse kollidierten zunehmend mit der strukturellen
Unterfinanzierung auf kommunaler und staatlicher Ebene. Die Mittel wuchsen
langsamer als die Bedarfe. Zugleich vergrößerten sich die Disproportionen
zwischen explodierenden konsumtiven Ausgaben vor allem für soziale
Leistungen und den schrumpfenden Investitionen. Diese Trends halten weiter an.

Mit bestehenden Infrastrukturdefiziten begründet auch Sarah Wolff
Öffentlich-Private Vertragspartnerschaften. In ihrer ebenfalls in der Essential-
Reihe erschienenen Schrift „Public-Private Partnerships in Deutschland"
konstatiert sie, dass ÖPP-Vertragskooperationen dem starken politischen Druck
auf die Verwirklichung öffentlicher Projekte trotz angespannter öffentlicher
Haushalte geschuldet sind (vgl. Wolff 2015, S. 1). Dies befördere die Motivation
privater Partner, während der üblichen 30-jährigen Laufzeit monopolistische
Übergewinne abzuschöpfen, bei denen es sich real um staatlich gezahlte Sub-
ventionen handele (Wolff 2015, S. 2).

Die Konjunktur von ÖPP-Vertragspartnerschaften bis 2008/2009 hatte zwei
weitere Ursachen: Erstens das Scheitern der realsozialistischen Volkswirtschaften
in Mittel- und Osteuropa. Zweitens zeigte auch die Öffentliche Hand bis zur Jahr-
tausendwende wenig Bereitschaft, ihre wirtschaftlichen Strukturen hin zu mehr

Effizienz und Produktivität zu optimieren, was den Mythos, privat sei besser als Staat beflügelte (vgl. Schäfer und Rethmann 2020, S. 50). Wolff stellt trotz dieser Umstände die Existenzberechtigung von ÖPP-Vertragspartnerschaften nicht grundsätzlich infrage. Sie plädiert vielmehr für deren bessere wettbewerbliche Ausgestaltung.

Das ist eine wichtige Forderung. Gleichwohl sehen wir über mehrere Jahrzehnte laufende, vertraglich basierte ÖPP-Infrastrukturprojekte mit Vertragsumfängen von oft mehr als zehntausend Seiten kritisch. Zudem sind wir entschieden dagegen, ÖPP-Kooperationen zum Stopfen von Finanzlöchern zu nutzen. Denn damit wird die strukturelle Unterfinanzierung der öffentlichen Hand letztlich verschärft.

Kooperative Aufgabenerledigung – das ist unser Credo – muss unter allen Umständen gewährleisten, dass definierte Leistungen besser oder im Extremfall überhaupt erst erbracht werden können.

Unter dieser Prämisse wenden wir uns den gemischtwirtschaftlichen Unternehmen im Bereich der Daseinsvorsorge zu. Diese sehr erfolgreiche ÖPP-Spezies spielt in der bisherigen Literatur, Wolff eingeschlossen, kaum eine Rolle. Sehr zu Unrecht, denn für uns ist sie die höchste und wichtigste Form öffentlich-privater Kooperation.

Damit betreten wir Neuland. Grundlage ist der von uns neu geprägte und von Schäfer definierte Begriff Öffentlich-Private Daseinsvorsorge (ÖPD). Dieser steht im Kontext zur Bestimmung des Begriffs Öffentlich-Private Partnerschaften (ÖPP) (vgl. Schäfer 2018b). Diese 2018 für das Gabler Wirtschaftslexikon verfasste Definition beschreibt den Gegenstand – im Gegensatz zur nur auf Vertrags-ÖPP reduzierten Sicht – sehr komplex. In dieser Perspektive ist die Öffentlich-Private Daseinsvorsorge zum einen integraler Bestandteil der Öffentlich-Privaten Partnerschaften. Zum anderen ist sie wegen der herausgehobenen Stellung der Erbringung existenzieller Leistungen ein Sonderfall. Für diesen leiten wir besondere Anforderungen an öffentlich-private Kooperationen ab.

Öffentlich-Private Daseinsvorsorge (ÖPD) und Öffentlich-Private Partnerschaften (ÖPP): Gemeinsamkeiten und grundlegende Unterschiede

2

2.1 Öffentlich-Private Partnerschaften – Objektives Erfordernis im Kontext mit den Eigentumsverhältnissen und der Arbeitsteilung

Die Erfordernisse für Kooperationsbeziehungen zwischen Produzenten und den Erbringern von Leistungen sind unter verschiedenen Aspekten zu beschreiben. Für unser Thema – das Zusammenwirken von Akteuren der öffentlichen Hand und der privaten Wirtschaft – halten wir vor allem zwei Ebenen für relevant. Die erste betrifft den Prozess der Wertschöpfung selbst. Dort ist eine rasant zunehmende Arbeitsteilung (das ist auch ein Synonym für Kooperation) zur Kenntnis zu nehmen. Das Streben nach immer größerer Effizienz befördert die Spezialisierung, die sich aber nicht nur in weltwirtschaftlichen Dimensionen vollzieht. Der Trend gilt gleichermaßen im nationalen, regionalen und lokalen Maßstab. Dort ist die Daseinsvorsorge angesiedelt. Für die gilt das Primat der Leistungserbringung. Diese Priorisierung kann dem Trend zur Spezialisierung tendenziell auch entgegenwirken.[1]

Die zweite Ebene, die besondere Relevanz für die Ausgestaltung der Kooperationsbeziehungen hat, ist der Eigentümerstatus. Weltwirtschaft und -handel sind maßgeblich von der kapitalistischen Produktionsweise geprägt, die hinsichtlich ihrer Dimension in erster Linie den Industrieländern zuzuordnen ist. Dazu rechnen wir der Einfachheit halber die sogenannten Schwellenländer wie zum Beispiel Brasilien, Malaysia oder Indonesien.[2]

---

[1]Näheres unter Abschn. 2.2.

[2]Die Allokation der sogenannten Weltwirtschaft ist territorial inhomogen. Dafür steht Afrika, das mit knapp 17 % der Weltbevölkerung nur mit 2–3 % (je nach Quelle) zu Weltproduktion und -handel beiträgt.

© Springer Fachmedien Wiesbaden GmbH, ein Teil von Springer Nature 2020
M. Schäfer und L. Rethmann, *Öffentlich-Private Daseinsvorsorge (ÖPD) in Deutschland*, essentials, https://doi.org/10.1007/978-3-658-31100-1_2

Diese Systematik negiert nicht den Rang von Volkswirtschaften wie China oder – mit Einschränkungen – Russland mit jeweils starken staatswirtschaftlichen Segmenten. Denn auch in diesen Ländern existiert ein nennenswerter privatwirtschaftlicher Sektor und es gibt, neben starker staatlicher Regulierung, auch wettbewerbliche Strukturen.

Die Dominanz des Privateigentums und die weiterwachsende Arbeitsteilung sind objektive Sachverhalte bzw. Prozesse. Daraus ist zu folgern, dass Kooperationen zwischen den privaten Besitzern des Produktivvermögens und den Akteuren mit anderem Eigentümerstatus ebenfalls objektiv begründet sind.

Wer kann welche Kompetenzen einbringen? Kann ein potenzieller Partner die Mengen liefern, die benötigt werden? Ist er in der Lage, diese dorthin zu transportieren, wo sie gebraucht werden und dies zum technologisch optimalen Termin? Das sind nur wenige Beispiele für sach- und prozessbezogene Anforderungen, die für Kooperationen in Wertschöpfungsketten definiert werden. Ideologie hat in einem solchen Katalog keinen Platz.

Die bisherige ÖPP-Literatur fokussiert sich weitgehend auf die private Finanzierung öffentlicher Infrastrukturvorhaben und klammert bspw. gemischtwirtschaftliche Unternehmen in der laufenden Daseinsvorsorge weitgehend aus. Mit dieser eingeschränkten Sicht beginnt die ÖPP-Geschichte erst mit der Private Finance Initiative in Großbritannien. Selbige wurde eingeführt von der konservativen Regierung, die unter Premierminister John Major die Geschicke der Insel von 1990 bis 1997 lenkte. Ihr Ziel bestand darin, weite, bis dato unzugängliche, Teile des öffentlichen Sektors für private Investitionen zu erschließen. Quasi vollendet wurde dieser Prozess vom Labour-Premierminister Tony Blair, der 1997 ins Amt kam. Das Vereinigte Königreich war Vorreiter bei der Implementierung der vertragsbasierten ÖPP im Bereich der öffentlichen Infrastruktur. Allerdings scheiterte das Gros der mit utopischen Prognosen zu erzielbaren Effizienzgewinnen gestarteten Projekte (u. a. U-Bahn London, Privatisierung Thames Water), was das zugrunde liegende ÖPP-Konzept nachhaltig diskreditierte. Etwas später, aber mit ausdrücklichem Bezug auf das Vereinigte Königreich, setzen analoge Entwicklungen in Deutschland ein. Auch dort endeten die umfassenden Privatisierungen staatlichen und kommunalen Eigentums in den Jahren 2008 und 2009 im Kontext mit der weltweiten Finanzkrise (vgl. Schäfer und Rethmann 2020, S. 50–55).

In Wirklichkeit beginnen moderne Öffentlich-Private Partnerschaften mit dem Schwerpunkt Daseinsvorsorge bereits mit der Industriellen Revolution. Der massenhafte Bedarf an Arbeitskräften konnte nur durch die Landbevölkerung gedeckt werden. Mit deren „Verwandlung" zum Industrieproletariat wurde der Staat für dessen elementare Existenzsicherung verantwortlich. Dies realisierte er über längere Zeiträume in öffentlichen Monopolstrukturen, notwendigerweise aber in Kooperationen mit der Privatwirtschaft. So erging der Auftrag zur Errichtung das Berliner Wassernetzes an zwei englische Unternehmer. Die erste Straßenbahn in der deutschen Hauptstadt wurde von Werner Siemens eröffnet. Erst nach und nach gingen diese Infrastrukturen in öffentlichen Besitz über. Die Geburtsstunde der bis heute bestehenden Zweiteilung[3] in der Wertschöpfung in öffentlich und privat einschließlich des objektiv determinierten Zusammenwirkens dieser Akteure datiert also nicht Ende des 20. Jahrhunderts, sondern mehr als 100 Jahre früher in den neuen industriellen Metropolen Europas.[4]

Für das Deutschland von heute stellen sich die Eigentumsverhältnisse wie folgt dar: rund 88 % der Wirtschaftsleistung werden von der Privatwirtschaft erbracht. Bei den verbleibenden zwölf Prozent dominieren öffentliche und sonstige Eigentümer.[5]

Die öffentliche Wirtschaft wiederum ist nach staatlichen (rund 75 %) und kommunalen (25 %) Eigentümern zu unterscheiden.

Für Kooperationen in der wirtschaftlichen Betätigung haben wir damit die potenziellen Partner auch quantitativ beschrieben. Wem diese gehören, ist aber nicht die entscheidende Frage. Wichtig ist vielmehr herauszufinden, wer den besten Beitrag leisten kann, die Herstellung eines Produkts oder die Erbringung einer Leistung wirtschaftlicher und/oder in besserer Qualität zu ermöglichen.

Das Optimierungserfordernis stellt sich für alle Seiten. Den privaten, den öffentlichen oder z. B. auch den genossenschaftlichen Eigentümer.

Auch der privatwirtschaftliche Sektor verdient (analog zur öffentlichen Seite – kommunal oder staatlich) eine differenzierende Sicht. Der global agierende Großkonzern und ein privater Handwerksmeister kommen beide aus der privaten Eigentümerkategorie. Neben dieser grundlegenden Gemeinsamkeit bestehen deutliche qualitative Unterschiede. Für das ÖPP-Thema spielen vor allem die

---

[3]Streng genommen müssten dazu auch genossenschaftliche oder kirchliche Strukturen hinzugerechnet werden.

[4]Das ist, wenn auch leicht vergröbert, die historische Wahrheit, die mit dem Hinweis versehen werden muss, dass aus den öffentlichen Monopolen des Anfangs kommunale und staatliche Akteure wurden, die sich spätestens seit den 90er Jahren des vorigen Jahrhunderts zunehmend dem Wettbewerb stellen müssen. Vgl. Schäfer und Rethmann (2020, S. 1 f.).

[5]Zu diesen zwölf Prozent gehören neben den öffentlichen Unternehmen auch Genossenschaften und Akteure in frei-gemeinnütziger Trägerschaft (das sind die Kirchen, karitative Einrichtungen) sowie wirtschaftlich tätige Vereine und Organisationen ohne den anerkannten Status der Gemeinnützigkeit.

Unternehmensgröße, die territoriale Dimension der Betätigung (lokal, regional, national, global), die Eigentümerstruktur (z. B. institutionelle Anleger, Unternehmensbeteiligungen, persönlichen Privateigentum) und die Kongruenz bzw. Inkongruenz von Eigentümerschaft und Unternehmensführung eine Rolle. In der Öffentlich-Privaten Daseinsvorsorge auf kommunaler Ebene gehören die privaten und kommunalen Kooperationspartner vorwiegend zur Gattung der kleinen und mittleren Unternehmen (KMU), in denen in Deutschland mehr als die Hälfte aller Beschäftigten in Lohn und Brot sind.

Eine ähnliche Dimension weisen in Deutschland auch Familienbetriebe, in erster Linie Mittelständler, aber auch einige weltweit agierende Großunternehmen, als Arbeitgeber auf.[6] Von den rund drei Millionen Unternehmen hierzulande sind ca. 90 % Eigentum von Einzelpersonen oder Familien und werden von diesen auch geführt. Sie gelten in aller Regel als bodenständig, agieren langfristig, sind mit hohen Eigenkapitalquoten vergleichsweise unabhängig vom Kapitalmarkt und gelten als Inhaber von 75 % aller Patente auch als besonders innovativ (Wimmer et al. 2018, S. 15 f.).

Das objektive Erfordernis für Wertschöpfungskooperationen gilt selbstverständlich nicht nur für die private und öffentliche Wirtschaft. Letztere ist an der Gesamtwirtschaft mit ca. zehn Prozent, sonstige Eigentümerkategorien mit ca. zwei Prozent beteiligt. Diese Akteure, vor allem frei-gemeinnützige und Genossenschaften, finden wir folgerichtig auch als Mitgesellschafter kommunaler Daseinsvorsorge-Unternehmen. Zwei kirchliche Stiftungen aus der Kategorie freigemeinnützig und der Landkreis Eichsfeld sind Eigentümer der Eichsfeld Klinikum GmbH. Die Stadt und eine Genossenschaft sind die Aktionäre der WohnRing AG Neustadt (Orla), um zwei Beispiele für solche Partnerschaften zu nennen.

Die letzte aus Eigentümersicht relevante Gattung sind die Öffentlich-Öffentlichen Partnerschaften. Herausragendes Beispiel sind die Beteiligungen der Thüga AG an rund 90 kommunalen Unternehmen vorrangig im Energiesektor, von denen wiederum die Mehrzahl Eigentümer der Thüga sind. Zu erwähnen ist noch das Mischeigentum verschiedener öffentlicher Ebenen. Dafür steht die

---

[6]Wenn es um die Bedeutung als Arbeitgeber geht, muss beachtet werden, dass die Gattung Familienbetrieb in erster Linie kleine und mittlere Unternehmen umfasst. Insofern beziehen sich die Aussagen über den Anteil des Mittelstandes bzw. der Familienbetriebe an der Gesamtbeschäftigung in Deutschland auf weitgehend identische Unternehmen. Es sind also nicht jeweils 50 %, sondern der Anteil von Mittelstand/Familienunternehmen dürfte auf einem Niveau zwischen 50 und 60 % liegen.

Flughafen München GmbH mit den staatlichen Gesellschaftern Freistaat Bayern (51 %), Bund (26 %) und der kommunalen Landeshauptstadt München (23 %).

2.2 ÖPP in Deutschland. Kategorisierung nach Ebenen (staatlich bzw. kommunal), nach der Intensität und den Gegenständen der Kooperation

Semantische Grundlage des vorliegenden Essentials ist in erster Linie die Definition „Öffentlich-Private Partnerschaften" von Schäfer im Gabler Wirtschaftslexikon (vgl. Schäfer 2018b). Mit Bezug darauf wurde von den Autoren der Begriff Öffentlich-Private Daseinsvorsorge geprägt und von Schäfer definiert. Dieser ist auch für die Definitionen Kommunalwirtschaft, Daseinsvorsorge, Daseinsvorsorge-Infrastrukturen und Kritische Daseinsvorsorge-Infrastrukturen – ebenfalls für das Gabler Wirtschaftslexikon – verantwortlich. Diese Begriffsbestimmungen entstanden teils im direkten Kontext mit der Arbeit am 2020 erschienenen ÖPP-Buch der Autoren.[7]

Deren Kenntnisnahme ist u. E. für die Rezeption dieses Essentials eine notwendige Voraussetzung. Denn wir haben die genannten Begriffe auch im Kontext zueinander definiert. Unser ÖPP-Verständnis ist in Relation zur alten Definition des Bundesfinanzministeriums mit seiner einseitigen Betonung der Vertragspartnerschaften deutlich komplexer und differenzierter.

Abgebildet werden zum einen die Zusammenhänge zwischen ÖPP und den wichtigsten öffentlichen Partnern. Auf der kommunalen Ebene sind das die Gebietskörperschaften und die dazu gehörende Kommunalwirtschaft. Gegenstand ist die Daseinsvorsorge.

Das kommunale ÖPP-Segment ist ein Teilbereich (für die Autoren der wichtigste) öffentlich-privater Partnerschaften. Der Gesamtkomplex wird in der Kurzfassung der ÖPP-Definition dargestellt (Schäfer 2018b):

---

[7]Die Definition *Kommunalwirtschaft* hat Schäfer bereits 2014 im Zusammenhang mit dem bei Springer Gabler erschienenen Buch Kommunalwirtschaft entwickelt und für das ÖPP-Buch aktualisiert und überarbeitet.

„Mit dem Begriff „Öffentlich-Private Partnerschaft (ÖPP)" (synonym auch „Public Private Partnership" – PPP) werden jene Formen der Zusammenarbeit von Verwaltungen, Gremien oder Unternehmen der öffentlichen Hand mit der privaten Wirtschaft gekennzeichnet, die Aufgaben zum Gegenstand haben, die in der Zuständigkeit von Kommunen, der Länder oder des Bundes bzw. deren nachgeordneten Einrichtungen liegen und Gegenstand der wirtschaftlichen Betätigung oder der Wahrnehmung hoheitlicher Aufgaben sind. Grundtypen sind Vertrags- und Organisations-ÖPP (Synonym: institutionalisierte ÖPP)."

Das vorliegende Essential ist auf Allianzen mit der Privatwirtschaft fokussiert, die auf der kommunalen Ebene zur Erbringung von Leistungen der Daseinsvorsorge bestehen bzw. zu diesem Zweck implementiert werden. Im Fokus stehen die Leistungen, die wirtschaftlich erbracht werden.[8]

Staatsrechtlich muss zwischen der Ebene des Staates und der der Kommunen differenziert werden. Dies gilt auch für die jeweiligen Wirtschaftsunternehmen. Öffentliche Hand bzw. Öffentliche Wirtschaft setzt sich demnach aus den beiden Segmenten Bund/Länder auf der einen und Kommunen auf der anderen Seite zusammen. Die Kommunen sind zwar rechtlich Teil der Länder, müssen aber wegen des Prinzips der kommunalen Selbstverwaltung, normiert im Artikel 28/2 des Grundgesetzes, auch als eigenständige Einheiten betrachtet werden (Deutscher Bundestag 2020).

Diese Differenzierung gilt ebenso für den Begriff Öffentliche Wirtschaft. Dort unterscheiden wir zum einen nach staatlicher Wirtschaft, also nach Unternehmen, die sich mehrheitlich im Besitz des Bundes und der Länder befinden. Zum anderen räumen wir der Kommunalwirtschaft wegen des Bezugs zur kommunalen Selbstverwaltung einen eigenständigen Status ein. Kommunalwirtschaft ist in diesem Kontext ein Bestandteil der kommunalen Selbstverwaltung und zugleich eine der wesentlichen materiellen Voraussetzungen. So lautet,

---

[8]Im dynamischen Kanon der Daseinsvorsorge unterscheiden wir Leistungen, die hoheitlich (Abwasserentsorgung/Wasserversorgung, Bildung, Brand- und Katastrophenschutz, Rettungswesen, Friedhöfe/Krematorien, Hoheitliche Entsorgung (haushaltnahe Abfälle, gefährliche Abfälle, Tierkörperbeseitigung), Kultur, Öffentliche Sicherheit, Straßenreinigung) und wirtschaftlich (Elektrizitätsversorgung, Herstellung lebenswichtiger und -rettender Pharmaka, der dazu notwendigen Grundstoffe, von Produkten für den Seuchen- und Katastrophenschutz und die Intensivmedizin, Gasversorgung, Geld- und Kreditversorgung, Gesundheit (Krankenhäuser, ambulante Versorgung, Vor- und Nachsorge, Pflege), Gewerbliche Entsorgung/Kreislaufwirtschaft, Lebensmittelversorgung, -produktion, -handel, Post, Telekommunikation/Internet, Verkehrs- und Beförderungswesen (Schienen, Straßen, Wasserstraßen, Luftverkehr), Wohnungswirtschaft) erbracht werden.

kurzgefasst, die staatsrechtliche Begründung dafür, dass wir im Rahmen der Definition Öffentlich-Private Partnerschaften die kommunale Ebene gesondert betrachtet werden müssen.

Nach unserem Verständnis müssen ÖPP zunächst danach strukturiert werden, in welcher Intensität die Zusammenarbeit betrieben wird. Dies realisieren wir in den zwei ÖPP-Grundkategorien: Vertrags-ÖPP und institutionalisierte oder auch Organisations-ÖPP.

Bei den Vertrags-ÖPP sehen wir zwei Stufen: Die einfachste ist die Vergabe eines öffentlichen Auftrags an ein privates Unternehmen.

Stufe zwei sind Partnerschaften, die in erster Linie auf dem Lebenszyklus-modell basieren. Dieses umfasst für ein Bauwerk oder eine Anlage im Regel-fall die Phasen Planung, Bau, Instandhaltung und deren Betrieb. Diese auf die gesamte Lebens- oder Nutzungsdauer bzw. auf die Abschreibungsfristen bezogenen Kooperationen müssen schon wegen der langen Lebensdauer deut-lich intensiver und komplexer ausgestaltet werden als es für reine Auftragsver-gaben erforderlich ist. Die wichtigsten Konstrukte sind das Erwerbermodell, das Leasingmodell, das Mietmodell, das Inhabermodell, das Contractingmodell und das Konzessionsmodell. Weil diese verschiedenen Formen sehr ähnlich sind, ver-zichten wir auf Gewichtung innerhalb dieser.

Vor allem für den öffentlichen Hoch- und Tiefbau kann gezeigt werden, dass Misserfolge bei diesen Lebenszykluspartnerschaften ihre grundlegende Ursache in der Langfristigkeit (im Regelfall drei Jahrzehnte) und der Komplexi-tät der Projekte haben. Beides kann in Vertragswerken – in der Literatur werden Umfänge von 10.000 bis zu 36.000 Seiten genannt – nach unserer Überzeugung nicht abgebildet werden, jedenfalls nicht praktikabel. Und ob es seriös ist, dies zu behaupten, mag jeder mit einem aktuellen Rückblick auf die letzten dreißig Jahre bewerten: Wer hätte im Jahr 1990 Ereignisse wie den Kollaps des Weltfinanz-systems 2008/2009, die Atomkatastrophe im japanischen Fukushima 2011, die Flüchtlingskrise 2015 oder die Corona-Epidemie 2020 auch nur als Trend voraus-sehen und mit ihren globalen Verwerfungen in einen Vertrag zur Schulsanierung oder den Bau eines Autobahnabschnittes „einpreisen" können?

Die Autoren haben Vertrags-ÖPP auf staatlicher Ebene eigenständig und literaturbasiert analysiert. Auf dieser Grundlage identifizierten sie die wichtigsten Gründe für das Scheitern der entsprechenden Infrastrukturprojekte: Intrans-parenz der Verträge, nicht steuer- und regelbare Komplexität, unrealistische oder bewusst geschönte Aufwands- und Kostenrechnungen, extrem hohe Transaktions-kosten vor allem in Gestalt von Vergütungen für Juristen und Berater, objektive, aber negierte Zielkonflikte zwischen Gewinnmaximierung und bestmöglicher und nachhaltiger Daseinsvorsorge sowie unklare oder nur rudimentär vorhandene

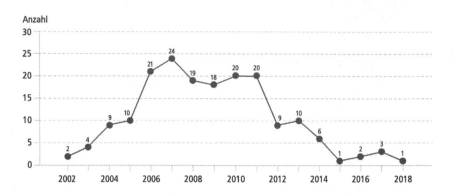

Abb. 2.1 Anzahl neu geschlossener Vertrags-ÖPP-Projekte 2002–2018

Strategien der staatlichen Eigentümer mit ungenügender Beachtung des Primats der Daseinsvorsorge.

Diese Sachgründe sind nach unserer Auffassung maßgeblich für die ab dem Jahr 2011 stark zurückgehende Zahl von Vertrags-ÖPP in Deutschland.[9] Zwischen 2006 und 2011 wurden jährlich rund 20 Vorhaben pro Jahr vereinbart. Im Vierjahreszeitraum von 2015 bis 2018 betrug die Gesamtzahl sieben, es gab also einen Absturz auf 1,75 Projekte pro Jahr (vgl. Abb. 2.1).

Zu den Gegenständen Öffentlich-Privater Partnerschaften gibt es in der Literatur kaum Aussagen. Die Strukturierung in Abb. 2.2 stützt sich auf unsere Kenntnisse der Praxis.

Unsere Übersicht zeigt, dass die Öffentlich-Privaten Partnerschaften auf Gegenstände im Bereich der Daseinsvorsorge fokussiert sind. Der Grund für diese Konzentration liegt auf der Hand.

Auf Ebene des Bundes ist zweierlei hervorzuheben: Erstens spielen ÖPP nur in der Kategorie der Vertragspartnerschaften eine nennenswerte Rolle. Allerdings auch hier mit abnehmender Bedeutung, wie wir in Abb. 2.1 gezeigt haben.

---

[9]Die gesamte Gattung Vertrags-ÖPP ist häufig Gegenstand ideologisch zugespitzter und undifferenzierter Bewertungen, auch im Kontext mit dem 2008/2009 beginnenden Trend zur Rekommunalisierung. Die Autoren halten es angesichts auch positiv zu wertender Projekte für sinnvoll, weiterhin Ideen und Konzepte zur Beseitigung der gerade dargestellten „Konstruktionsfehler" von Vertrags-ÖPP zu entwickeln. Dies hat die schon zitierte Sarah Wolff in ihrem 2014 erschienenen Essentialband angeregt und partiell auch realisiert.

	Kooperationsformen in der Reihenfolge ihrer Intensität (gering bis sehr groß)	Gegenstand allgemein (Beispiele)
Kategorie 1 Vertragspartnerschaften auf staatlicher und kommunaler Ebene	Öffentliche Auftragsvergabe außerhalb der Daseinsvorsorge	Allgemeiner Einkauf für Verwaltungs- und Betriebsbedarf (Papier, Kraftstoff, Möbel, IT, Dienstleistungen)
	Öffentliche Auftragsvergabe in der Daseinsvorsorge	Einzelne Leistungen der Daseinsvorsorge (Streckenbezogene Verkehrsleistung im regionalen Schienenverkehr)
	Vertrags-ÖPP auf staatlicher und kommunaler Ebene	Neubau/Sanierung und Betrieb von Infrastrukturen der Daseinsvorsorge (Schulen, Krankenhäuser, Autobahnen, Straßen)
Kategorie 2 Organisations-ÖPP = ÖPP-Unternehmen	ÖPP-Unternehmen auf staatlicher Ebene (Bund/Länder) außerhalb der Daseinsvorsorge	Industrie (z.B. Salzgitter AG)
	ÖPP-Unternehmen auf staatlicher Ebene (Bund/Länder)* in der Daseinsvorsorge	Erbringung von Daseinsvorsorgeleistungen (Telekommunikation, Internet, Postdienste)
	ÖPP-Unternehmen auf kommunaler Ebene außerhalb der Daseinsvorsorge	von geringer Relevanz
	ÖPP-Unternehmen auf kommunaler Ebene in der Daseinsvorsorge	Erbringung von Leistungen der Daseinsvorsorge und Betrieb von Infrastrukturen (vorrangig: Energieversorgung, Entsorgung/Kreislaufwirtschaft, Wasser/Abwasser)

* Im Beteiligungsbericht des Bundes 2017 sind 106 Beteiligungen aufgeführt, von denen nur 82 geschäftlich aktiv sind. Von denen wiederum können 40 im weiteren Sinne der Daseinsvorsorge zugerechnet werden. Die meisten davon sind 100prozentige Bundesbeteiligungen oder Öffentlich-Öffentliche Unternehmen wie der schon genannte Flughafen München, an dem neben dem Bund auch der Freistaat Bayern und die Landeshauptstadt München beteiligt sind. In dieser 40er Gruppe ist die Telekom AG mit einem Bundesanteil von rund 32 Prozent das einzige nach Definition echte ÖPP-Unternehmen des Bundes. In unserem Buch haben wir aber die Deutsche Post AG, obwohl der Bundesanteil (gehalten über die KfW) die definierte Größe von 25,1 Prozent unterschreitet, als ÖPP-Unternehmen gezählt. Der Bund ist mit 20,5 Prozent der mit Abstand größte Einzelaktionär und wäre damit in der Lage, erheblichen Einfluss auf das Unternehmen auszuüben.

Abb. 2.2 Gegenstände Öffentlich-Privater Partnerschaften

Zweitens wird ersichtlich, dass bis auf die Beteiligungen an der Telekom AG und der Post AG – diese ÖPP-Unternehmen haben für die nationale Daseinsvorsorge strategische Bedeutung – gemischtwirtschaftliche Unternehmen kaum Relevanz haben. Das gilt erst recht für die 16 Bundesländer, deren Projekte und Beteiligungen unter den Aspekten ÖPP und Daseinsvorsorge vernachlässigt werden können.

Nur bei den Kommunen, in Deutschland sind sie mit Abstand die wichtigsten Aufgabenträger der Daseinsvorsorge, haben gemeinsame Unternehmen von kommunalen Gebietskörperschaften und der privaten Wirtschaft ein beachtliches Gewicht. Insofern zeigt unsere Bestandsaufnahme nicht nur die Struktur und Allokation der ÖPP-Gegenstände. Sie bestätigt auch unsere Bewertung von der herausgehobenen Bedeutung der Kommunen für die öffentliche Daseinsvorsorge und die exponierte Rolle von ÖPP-Unternehmen als für uns höchste Kooperationsform.

2.3   Öffentlich-Private Partnerschaften in der Daseinsvorsorge. Das Erfordernis eines eigenen Begriffes vor allem für die kommunale Ebene

Das Gros der existenziellen Leistungen für die Bürger muss in den kommunalen Gebietskörperschaften erbracht werden. Wegen der herausgehobenen Bedeutung dieser Ebene, haben wir unsere Aussagen für die Öffentlich-Private Daseinsvorsorge explizit dafür formuliert.

Die Verantwortung (Aufgabenträgerschaft) liegt bei den Gemeinden, Städten und Landkreisen. Es handelt sich um Aufgaben im sogenannten eigenen (diese ergeben sich aus dem Status der Selbstverwaltung, der aber letztlich ebenfalls eine übergeordnete Normierung hat) und übertragenen Wirkungskreis (diese werden den Kommunen per Gesetz oder Weisung von übergeordneten Ebenen übertragen). Letztere sind immer Pflichtaufgaben, während die eigenen Aufgaben sowohl pflichtig, als auch freiwillig erledigt werden müssen.[10] Unabhängig vom rechtlichen Status steht die Kommune in der rechtlichen, aber auch der ethischen Pflicht der Aufgabenerfüllung.

Fast alle pflichtigen und freiwilligen Leistungen der Kommunen betreffen die Daseinsvorsorge. Die Bürger erwarten ohne Wenn und Aber, dass alle Aufgaben aus diesem Kanon zu jeder Zeit und in den definierten Standards auch realisiert werden. Der damit verbundene Erwartungsdruck wächst, wenn die übertragenen Pflichtaufgaben wegen nicht ausreichender Finanzierung nur eingeschränkt erfüllt werden, und freiwillige Aufgaben aus Geldmangel entfallen. Die Gründe dafür liegen in allererster Linie in der strukturellen Unterfinanzierung der Kommunen.

---

[10]Auf dem Daseinsvorsorgeverständnis der Autoren (siehe Definition Gabler Wirtschaftslexikon) basiert deren Kritik an der Unterscheidung zwischen freiwilligen und pflichtigen Leistungen. Denn zu den freiwilligen Leistungen, die von den Kommunen finanziert werden müssen, gehören Grundangebote bei Kultur und Sport, die Unterstützung von Vereinen oder der Betrieb der Bibliothek. Das ist nach unserer Auffassung elementare Daseinsvorsorge Da dieser Teil freiwillig ist, wird er vielerorts nach Kassenlage erbracht. Diese ist oft prekär. Ergo werden solche Aufgaben per Rotstift aus dem Leistungskanon entfernt.

Dafür sind die Länder verantwortlich. Die Bürger aber fokussieren sich auf die Kommune.[11] Wir nehmen an, selbige hat sparsam gewirtschaftet und alle lokalen Ressourcen genutzt. Ihr Ruf in die Landeshauptstadt nach angemessener Finanzausstattung verhallte ungehört, weitere Verschuldungen sind aus guten Gründen verboten. Die Bedarfe der Bürger aber bleiben. In dieser Konstellation sind Kooperationen zumeist der einzige Weg. Für uns sind sie das Mittel der Wahl. Partner sind in erster Linie die Nachbarkommune, der Landkreis, ein kommunales Unternehmen, aber auch gemeinnützige Verbände wie die Arbeiterwohlfahrt, Genossenschaften und nicht zuletzt die private Wirtschaft.

Der richtige Partner ist derjenige, mit dem die Leistung in Zukunft besser oder im Extremfall überhaupt erbracht werden kann.

Diese Sicht basiert auf dem Primat der Aufgabenerledigung. „Nutzenstiftung ist das Ziel kommunaler und kommunalwirtschaftlicher Betätigung. Grundlegende Voraussetzung dafür, dass dieses Ziel auch erreicht werden kann, ist eine hohe Effizienz und die Erwirtschaftung von Überschüssen. Diese werden in erster Linie als Investitionen benötigt, damit die Leistungen nachhaltig auf hohem Niveau erbracht werden können"[12] (Schäfer 2014, S. 65/66).

Dieses Primat gilt auch dann, wenn die Leistungserbringung nicht gewinnbringend ist. Die definierte Leistung muss unter allen Umständen erbracht werden. Die kooperative Mitwirkung muss aber gewährleisten, dass die Aufgabe nicht einfach nur erfüllt wird, sondern mit größtmöglicher Effizienz. Dort, wo objektiv keine Gewinne generiert werden können, geht es vorrangig darum, im Rahmen der qualifizierten Leistungserbringung dafür nötige

---

[11]Das Gros der Bürger kennt die Unterschiede zwischen Pflicht- und freiwilligen Aufgaben nicht. Er erwartet von *seinem* Bürgermeister, von *seinem* Rat, dass alle Leistungen erbracht werden. Dazu habe man sie schließlich gewählt. Der Bürger nimmt in dieser Diktion sogar die Kommunalpolitiker vor Ort in die Pflicht, wenn es kein schnelles Internet – unstrittig laut Grundgesetz eine Bundesaufgabe – gibt, oder der Regionalzug (der liegt in Zuständigkeit des Landes) Verspätung hat.

[12]Überschüsse sind in diesem Kontext nicht das Synonym für Gewinn, denn es gibt bekanntlich Bereiche der kommunalwirtschaftlich zu erbringenden Daseinsvorsorge (z. B. den ÖPNV oder die mit Gebühren vergütete hoheitliche Entsorgung), in denen eine Gewinnerzielung nicht möglich ist, bzw. als Kategorie gar nicht vorgesehen ist. In solchen Fällen besagt die übergreifende Forderung nach höchstmöglicher Effizienz, dass z. B. Gebühren so kalkuliert werden müssen, dass damit auch Überschüsse für Investitionen dargestellt werden bzw. die Zuwendungen für ÖPNV-Unternehmen dies ebenfalls ermöglichen.

externe Zuwendungen bzw. die Kosten bei Gebühren behafteten Leistungen zu minimieren.

Diese allgemeine Zielbestimmung ist für die Findung geeigneter Kooperationspartner auf diesem Abstraktionsniveau noch nicht ausreichend. Deshalb haben wir folgende Gruppen von Unterzielen definiert: Sicherstellung der Aufgabenerledigung (z. B. Gewährleistung auch unter sicher verschlechternden Rahmenbedingungen), Optimierung der Aufgabenerledigung (z. B. Know-how-Transfer durch den Partner), ökonomische Optimierung (z. B. Skalen- und Synergieeffekte durch Vernetzung mit Strukturen des Partners), Wertsteigerung des öffentlichen Eigentums (z. B. Erschließung neuer Wertschöpfungsmöglichkeiten durch das Einbringen neuer Geschäftsfelder durch den Partner), Gesellschaftspolitische Ziele (z. B. Stärkung der materiellen Grundlagen der kommunalen Selbstverwaltung durch Zuführungen zum Haushalt und die Wertsteigerung des kommunalen Produktivvermögens).

Anhand dieser Strukturierung kann eine detaillierte Anforderungscharakteristik formuliert werden. Dazu bedarf es einer fundierten Analyse jener Probleme und Defizite, die nur im Rahmen einer längerfristigen und institutionalisierten Zusammenarbeit gelöst bzw. kompensiert werden können. Daraus werden Anforderungen an den potenziellen Partner abgeleitet und z. B. in einer Evaluierungsmatrix niedergelegt. So werden Objektivität und Transparenz des Auswahlprozesses gewährleistet. Das ist erstens nötig, weil bei der Begründung öffentlich-privater Partnerschaften auf der kommunalen Seite Amts- und Mandatsträger und deren Gremien umfassend involviert sind und objektiv informiert werden müssen. Zweitens muss die strukturelle Mitwirkung externer Partner auch Erfordernisse des Vergaberechts beachten. In diesem Kontext getroffene kommunale Entscheidungen werden nicht selten von unterlegenen Bietern beklagt. In solchen Fällen bieten dokumentierte, transparente und objektivierte Entscheidungsprozesse eine hohe Rechtssicherheit.

Wer am besten passt, das ist im Grundsatz allein abhängig davon, ob er die definierten Anforderungen erfüllen kann, also nicht vom Eigentümerstatus.[13]

---

[13]Dass der Eigentümerstatus keine Rolle spielt, sondern es um die Kompetenzen und Eigenschaften eines Partners geht, ist unsere *grundsätzliche* Auffassung. In der Praxis kann es aber auch Kooperationsvorgaben der kommunalen Seite geben, die einen kommunalen Partner präferieren. Das ist bei der Implementierung interkommunaler Kooperationen oft sogar zwingend, entspringt mithin objektiven Erfordernissen und darf nicht beanstandet werden. Was wir verwerfen, ist der Ausschluss von Partnern einer bestimmten Eigentümerkategorie (das wird zumeist die privatwirtschaftliche Sphäre betreffen) aus primär ideologischen Gründen.

Da unser Thema aber Öffentlich-Private Daseinsvorsorgepartnerschaften sind, muss an dieser Stelle die Frage beantwortet werden, über welche Eigenschaften und Kompetenzen Akteure auch aus der Privatwirtschaft verfügen müssen, um erfolgreiche Kooperationen mit Kommunen bzw. in erster Linie mit deren Unternehmen einzugehen. Wichtige Anforderungen haben wir aus der kommunalen Perspektive formuliert, und zwar explizit für die höchste ÖPD-Kategorie, die gemischtwirtschaftlichen Unternehmen.[14]

Grundsatzforderungen

Ökonomie und Innovationskraft Eine Kernkompetenz der Privatwirtschaft ist das Ökonomische in Verbindung mit hoher Innovationskraft. Diese Fähigkeiten privater Akteure haben für die Optimierung der Daseinsvorsorge höchste Bedeutung.

Sicherung der Aufgabenerledigung Schon kürzere Unterbrechungen der Energie- oder Wasserversorgung, um nur zwei Beispiele zu nennen, haben in der Daseinsvorsorge Katastrophenstatus. Daher muss die Aufgabenerledigung oberste Priorität haben. Zu fordern ist das Bekenntnis zur Priorität von lokalen und regionalen Wertschöpfungsstrukturen und die Bereitschaft, Synergie- und Skaleneffekte unter Ertragsaspekten nur dann zu nutzen, wenn dies nicht zu Lasten der Versorgungssicherheit geht.

Unternehmensstatus Wegen des besonderen Gewichts der Langfristigkeit und der Forderung nach permanenter Verfügbarkeit haben institutionalisierte Kooperationen (gemeinsame Unternehmen oder auch Betriebsführungsmodelle) Vorrang.

Primat Nutzenstiftung Anerkennung des Primats der Nutzenstiftung bei gleichzeitiger Betonung der betriebswirtschaftlichen Effizienz sowie Anerkennung von privatwirtschaftlichen Gewinnen bei vertragskonformer Leistungserbringung.

Verantwortungspriorität Akzeptanz der kommunalen Führung im Zusammenhang mit der bestehenden Aufgabenträgerschaft und damit der Verantwortung für die Leistungserbringung.

---

[14]Viele dieser für Partner aus der Privatwirtschaft formulierten Anforderungen gelten auch für Akteure anderer Eigentumsformen. Eine trennscharfe Zuordnung ist nicht möglich und wäre auch nicht praktikabel.

Minderheitsbeteiligung Es muss die grundsätzliche Bereitschaft bestehen, in dem gemeinsamen Unternehmen die Rolle als Minderheitsgesellschafter oder -aktionär einzunehmen.

Langfristigkeit Das Engagement muss auf Langfristigkeit ausgelegt sein und nicht auf kurzfristige Gewinnmaximierung (gemeinsam durch „Höhen" und „Tiefen").

Ethisch-moralische Qualifikationen

Respekt Anerkennung der in Relation zur Privatwirtschaft objektiv unterschiedlichen Stellung der Kommunen im Wirtschaftssystem und ihrer besonderen Stellung im Staatsaufbau (kommunale Selbstverwaltung).

Transparenz Klares Bekenntnis, dass das Hauptmotiv darin besteht, mit der gemeinsamen Gesellschaft Erträge zu generieren und das Geschäftsfeld auszuweiten. Unter dieser Prämisse muss der Bewerber begründen, welche positiven Effekte die Kommune aus einer Kooperation für ihre eigenen Ziele erreichen kann.

Vertrauenswürdigkeit Nicht verbal, sondern z. B. durch für Kommunen nachprüfbare Referenzen (möglichst auf kommunaler Ebene).

Fairness Respekt, Anstand, Ehrlichkeit in der Zusammenarbeit und Verständnis für die kommunalen Bedürfnisse. Ein wichtiger Indikator ist der, dass der private Partner – obwohl manchmal größer und kräftiger – bewusst darauf verzichtet zu dominieren.

Empathie Kommunen und deren Unternehmen sind per se nicht schlechter oder besser als private Strukturen. Sie sind aber definitiv anders. Die oft beklagte Gremienlastigkeit muss als Erfordernis demokratischer Legitimation verstanden werden. Zudem besteht der permanente Druck, hochprofitabel, zugleich aber auch gemeinwohlorientiert und altruistisch zu sein.

Ökonomische Grundsätze
Langfristiger Anlagehorizont

- Vermögen auf lange Sicht erhalten und mit möglichst geringem Risiko vergrößern

- Investitionen für bessere Aufgabenerledigung und bessere Erträge (in dieser Reihenfolge)
- Beim Einstieg nicht schon an den baldigen Ausstieg mit Höchstertrag denken
- Angemessene Renditeerwartungen (Kommunales Vermögen ist kein Risikokapital)

Transparenz bei den Beteiligungseffekten Transparenz ist z. B. geboten, wenn der Beteiligungspartner über die Erträge hinaus noch anderweitigen ökonomischen Nutzen aus seinem Engagement zieht. Etwa als Vorlieferant. Das ist legitim, aber es gibt keine Automatismen. Den Zuschlag muss immer das wirtschaftlichste Angebot bekommen.

Fähigkeit zu Objektivierung

- Liegen die Erträge meines Stadtwerkes oder Entsorgers im Durchschnitt des Marktes, oder sind sie niedriger oder höher? Wo stehe ich mit meinen Leistungen je Mitarbeiter? Sind meine Kalkulationen für die Regulierungsbehörde auch für längere Zeiträume auskömmlich? Wie viel Papiertonnen leert mein Wettbewerber je Fahrzeug, Schicht und bei vergleichbaren Flächen und Behälteranzahlen? Über dieses Wissen sollte ein guter Beteiligungspartner verfügen. Das kommunale Beteiligungsmanagement mit zu geringen personellen Ressourcen und Marktkenntnissen kann diese objektive Evaluierung (Prinzip Benchmarking) kaum im erforderlichen Maß leisten.
- Beachtung einer optimalen Relation von Ausschüttungen und Investitionen
- Fähigkeit und Bereitschaft, an der effektiven Kontrolle und strategischen Führung des eingesetzten Vermögens der Kommune mitzuwirken

Fachliche Potenziale

- Überdurchschnittliches Know-how im Kerngeschäft des Beteiligungsunternehmens
- Kompetenzen in angrenzenden Geschäftsfeldern zur Beförderung sinnvoller Expansionen des gemischtwirtschaftlichen Unternehmens
- Herausgehobene Potenziale bei Forschung und Entwicklung
- Netzwerkkompetenzen, insbesondere für objektive Unternehmensvergleiche und den Erfahrungsaustausch zwischen den Beteiligungen
- Möglichst vollständiges Portfolio an Managementleistungen (Recht, Personal, Controlling, Risiko- und Finanzmanagement, Marketing, Öffentlichkeitsarbeit) mit Zugriffsmöglichkeit für das Beteiligungsunternehmen

Wir haben in diesem Kapitel gezeigt, dass sich Öffentlich-Private Partnerschaften in der kommunalen Daseinsvorsorge deutlich von Kooperationen auf staatlicher Ebene unterscheiden. Der Hauptgrund dafür ist die existenzielle Dimension der Leistungserbringung und die dazu normierte kommunale Verantwortung. Existenziell, das heißt auch permanente Verfügbarkeit in gleichbleibender Qualität entsprechend den definierten, oft per Gesetz vorgegebenen Standards. Ein Synonym dafür ist der Begriff Versorgungssicherheit. Aus diesen Prämissen leiten sich besonders hohe Anforderungen an externe Akteure ab, die mit Kommunen auf dem Feld der Daseinsvorsorge kooperieren. Diese Partnerschaften müssen eine herausgehobene Stabilität – zentrale Voraussetzung für Versorgungssicherheit – aufweisen.

Dies ist im Regelfall nur in institutioneller Form – gemeinsame Unternehmen, in bestimmten Segmenten auch langfristig angelegte Betriebsführerschaften – zu gewährleisten. Solche ÖPP-Unternehmen sind in erster Linie in der kommunalen Daseinsvorsorge anzutreffen. Dort sind sie die langlebigste, erfolgreichste und damit u. E. auch die höchste Form Öffentlich-Privater Kooperation, was wir wie folgt begründen:

Die beiden zentralen Zielfunktionen wirtschaftlicher Betätigung sind maximaler Gewinn einerseits und höchste Qualität (bestmögliche) der Aufgabenerledigung (Produktion, Leistung, also Wertschöpfung) andererseits. Obwohl beide Partner abweichende Primärziele verfolgen, sorgen sie in einem ÖPP dafür, dass beide Prämissen in einem ausgewogenen Verhältnis erreicht werden. Dieser permanente Prozess als Einheit von strategischer und operativer Steuerung kann nur innerhalb eines Unternehmens qualifiziert erfolgen[15] Für das Primat der Aufgabe steht in diesem ÖPP-Unternehmen die kommunale Mehrheit mit einem Letztentscheidungsrecht. Die Kontinuität des Optimierungsprozesses wird (im Regelfall) durch die Geschäftsführung und die Gremien (in erster Linie Aufsichtsrat und Gesellschafterversammlung), in denen jeweils beide Eigentümer vertreten sind, erreicht. Innerhalb des ÖPP-Unternehmens kombiniert die private Seite ihre Kompetenzen für Effizienz und Know-how mit der Fähigkeit zur Generierung von Synergie- und Skaleneffekten (Größe, Netzwerke). Gemeint sind hier die besonderen Potenziale, die sich objektiv aus der stärkeren Gewinnorientierung der Privatwirtschaft ergeben. Die kommunale Seite verfügt ebenso über Fähigkeiten zur betriebswirtschaftlichen Optimierung und fachliche Kompetenzen, dies aber mit der Priorität der Aufgabenerledigung.

---

[15]Für jede Art von Vertragspartnerschaften kann das ausgeschlossen werden. Die Einheit von strategischer und operativer Führung ist nicht regelbar.

Die Öffentlich-Private Unternehmenskonstellation beseitigt die einseitige Priorisierung eines der beiden Ziele. Das „entweder oder" wird ersetzt durch ein „sowohl als auch". Die Koexistenz beider Unternehmensziele schließt das Fortbestehen unterschiedlicher Prioritätensetzungen der beiden Eigentümer nicht aus. Daraus folgt für alle Entscheidungsprozesse der Zwang zur Objektivierung innerhalb des Unternehmens und auf Ebene der Eigentümer, im Regelfall ohne Mitwirkung externer Juristen und Berater. Das kann keine andere ÖPP-Form leisten.

Die herausgehobene Bedeutung kommunaler ÖPP-Unternehmen ist Teil unseres Verständnisses von Öffentlich-Privater Daseinsvorsorge. Das ist der erste Grund für unser Plädoyer, diese Ebene von den anderen Formen Öffentlich-Privater Partnerschaften zu unterscheiden. Der zweite Grund dafür ist die Tatsache, dass der ÖPP-Begriff in der Praxis auch weiterhin eher negativ besetzt und mehrheitlich durch die englische Bezeichnung PPP mit „Pleiten, Pech und Pannen" assoziiert wird.[16]

Drittens schließlich ist das umgangssprachliche ÖPP in das Feld der ideologisch zugespitzten Debatte des privat vs. Staat und umgekehrt geraten. Der angesichts der weltweiten Wirtschafts- und Finanzkrise 2008/2009 in Gang gekommene gesellschaftspolitische Diskurs fordert zu Recht eine stärkere Regulierung global agierender Großkonzerne und Banken und die Durchsetzung der Sozialverpflichtung des Privateigentums an Produktionsmitteln. Dies wird fälschlicherweise auch an jene gemeinsamen Unternehmen von Kommunen und Privatwirtschaft adressiert, die diesem Erfordernis längst genügen und Tag für Tag einen respektablen Beitrag für die Lebenssicherung der Bürger leisten.

Wir zitieren aus der ausführlichen Autorendefinition im Gabler Wirtschaftslexikon:

---

[16]Einer der Autoren, Schäfer, hat bereits mit seiner 2018 für das Gabler Wirtschaftslexikon erarbeiteten ÖPP-Definition die Komplexität dieser Kooperationen deutlich gemacht, u. a. die Besonderheiten der kommunalen Ebene betont und begründet, warum ÖPP-Unternehmen als höchste ÖPP-Form verstanden werden müssen. Diese Definition war eine direkte semantische Vorarbeit für das schon erwähnte, 2020 bei Springer Gabler erschienene ÖPP-Buch der Autoren dieses Essentials. Die Arbeit an diesem Buch hat aber deutlich gemacht, dass im zweiten Schritt eine begriffliche Abgrenzung der ÖPP in der Daseinsvorsorge von den anderen Bereichen Öffentlich-Privater Partnerschaften geboten ist. Aus wissenschaftlichen, aber auch aus praktisch-politischen Gründen. Denn es geht darum zu zeigen, dass für einen großen und lebenswichtigen Bereich die pauschal negativen ÖPP-Charakterisierungen nicht zutreffen.

„Mit dem neu (2019) geprägten Begriff Öffentlich-Private Daseinsvorsorge (ÖPD) werden alle Formen der Zusammenarbeit von öffentlichen Körperschaften und deren Unternehmen mit Partnern aus der privaten Wirtschaft gekennzeichnet, welche die Gewährleistung der existenziellen Daseinsvorsorge zum Gegenstand haben. Für diese Daseinsvorsorge sind in Deutschland grundsätzlich der Bund, die Länder und die Kommunen verantwortlich. Daraus ist nicht abzuleiten, dass diese öffentlichen Körperschaften die Leistungen tatsächlich auch in jedem Fall selbst erbringen. Damit können auch private, genossenschaftliche oder freigemeinnützige Unternehmen betraut werden." (Schäfer 2020d)

Der Autor der Definition hat folgende ÖPD-Ziel-Trias entwickelt:

I.   Maximale Zuverlässigkeit und Versorgungssicherheit (Stabilität, Risiko-minimierung, kompromisslose Einhaltung aller staatlichen Qualitäts- und Leistungsparameter, wie z. B. definierte Wassergüte, Datenvolumina und -geschwindigkeiten im Internet usw.)
II. Maximale Effizienz (z. B. zur Gewährleistung sozial verträglicher Preise unter Beachtung aller betriebswirtschaftlichen Erfordernisse)
III. Maximales technologisches und Innovationsniveau, vor allem bezogen auf das Erfordernis, die Daseinsvorsorge generationsübergreifend sicherzustellen (Nachhaltigkeit, geringstmöglicher Ressourcenverbrauch, ökologisches Optimum)

Weitere Gründe für mehr ÖPP-Kooperationen vor allem in Gestalt gemeinsamer Unternehmen in der kommunalen Daseinsvorsorge sind:

- Der stetig wachsende Bedarf an Spezial-Know-how
- Das Erfordernis, teure und rare Expertise für die vorwiegend kleinteilig und lokal agierenden Leistungserbringer der Daseinsvorsorge über Netzwerke und zentrale Einheiten im Hintergrund bereitzustellen und damit auch besser aus-zulasten
- Der Druck zur Bündelung der Leistungserbringung in technologisch anspruchs-vollen und damit auch sehr teuren Anlagen (z. B. Windparks, Anlagen zur Wert-stoffrückgewinnung usw.) verbunden mit der Forderung nach deren optimaler Auslastung als Voraussetzung für höchste Wirtschaftlichkeit
- Das Erfordernis zur Objektivierung der strategischen Führung von ÖPD-Unternehmen insbesondere wegen oft heterogener Interessen bei den öffentlichen Eigentümern (Dominanzstreben einzelner Interessengruppen in

den zuständigen, demokratisch mandatierten Gremien wie Kreistagen und Stadträten, Gefährdung strategischer Kontinuität durch wechselnde politische Mehrheiten im Ergebnis von Wahlen und daraus resultierenden wechselnden Prioritäten für die Unternehmensstrategien)

Gemischtwirtschaftliche Unternehmen als höchste Form öffentlich-privater Partnerschaften

3.1 Gemischtwirtschaftliche Unternehmen auf kommunaler Ebene als prägende Form Öffentlich-Privater Daseinsvorsorge. Versuch einer empirischen Bestandsaufnahme für ausgewählte Branchen

Wir hatten im Abschn. 2.2 gezeigt, dass auf staatlicher Ebene – Bund und Länder – ÖPP-Unternehmen in der Daseinsvorsorge bis auf die beiden Beteiligungen an der Telekom AG und der Post AG keine Rolle spielen. Auf Bundesebene wird die Zusammenarbeit mit der privaten Wirtschaft weiterhin durch Vertragspartnerschaften geprägt. Deren Zahl geht, wie in Abb. 2.1 dokumentiert, deutlich zurück. Das wird aber nicht durch andere ÖPP-Strukturen, insbesondere gemischtwirtschaftliche Unternehmen kompensiert.

Statistische Aussagen zur Zahl der gemischtwirtschaftlichen Unternehmen in der Daseinsvorsorge, sortiert nach Branchen, lagen bis 2019 für den Bund und die Länder nicht vor. Einige Informationen konnten durch die aufwendige Auswertung von Beteiligungsberichten gewonnen werden. Das Ergebnis für den Bund haben wir im Kap. 2 dokumentiert.

Auch für die kommunale Ebene war die Datenlage unbefriedigend. Lediglich der Verband kommunaler Unternehmen e. V. (VKU) weist für seine Mitgliedsunternehmen mit mindestens einer Energiesparte (das sind nahezu ausschließlich

M. Schäfer und L. Rethmann, *Öffentlich-Private Daseinsvorsorge (ÖPD) in Deutschland,* essentials, https://doi.org/10.1007/978-3-658-31100-1_3

Branche	ÖPP-Häufigkeit bezogen auf Gesamtzahl der Unternehmen
Energiewirtschaft	29 %
Krankenhäuser	1,3 %
Wohnungswirtschaft	0,6 %
Entsorgung	7,5 %
Wasser / Abwasser	6,5 %

Abb. 3.1 ÖPP-Häufigkeiten nach Branchen im Saldo der Länder Hessen, Sachsen-Anhalt, Sachsen und Thüringen (2018)

Stadtwerke) die Zahl der gemischtwirtschaftlichen Unternehmen aus. Im Jahr 2018 gehörten von den 785 Unternehmen 186 zur ÖPP-Gattung.[1]

Wegen der für andere Branchen ungenügenden Datenlage haben die Autoren für das ÖPP-Buch aufwändige eigene Bestandsaufnahmen realisiert, und zwar für die Daseinsvorsorge-Segmente Energiewirtschaft, Krankenhäuser, Wohnungswirtschaft, Entsorgung und Wasser/Abwasser. Mit Unterstützung der jeweiligen Fachverbände wurden stellvertretend für die 13 deutschen Flächenländer Hessen, Sachsen-Anhalt bzw. Sachsen und Thüringen untersucht. Das Ergebnis zeigt die Abb. 3.1.

Die Schwankungsbreite der Häufigkeiten zwischen 29 und 0,6 % war für die Autoren in ihrer Größenordnung überraschend. Für wissenschaftlich belastbare Begründungen hätte es einer umfassenden Analyse z. B. einer repräsentativen Befragung bedurft. Das konnten wir nicht leisten. Deshalb formulieren wir nachfolgend Hypothesen anhand unserer praktischen Erfahrungen.

---

[1]Bezogen auf die Gesamtzahl der Mitglieder ergibt sich ein Anteil von 23,7 %. Beim Vergleich der vier Flächenländer musste aber der deutlich höhere Anteil in den neuen Ländern überschläglich berücksichtigt werden, was zu einem gemittelten Wert (drei neue, ein altes Bundesland) von 29 % führte. Diese Abweichung der Hochrechnung von der tatsächlichen Zahl muss zur Vergleichbarkeit der Energiesparte mit den anderen Branchen (hier wurden nur die vier Länder untersucht) in Kauf genommen werden. Auch im realen Wert für die Grundgesamtheit aller Unternehmen bleibt die Energiewirtschaft mit großem Abstand Spitzenreiter beim Anteil der ÖPP-Unternehmen.

1. Wir sehen einen direkten Zusammenhang zu den Ertragsmöglichkeiten und der Regelungsdichte. Salopp gesagt, je größer die Ertragsrelevanz und je geringer die Regelungsdichte, umso größer ist das privatwirtschaftliche Engagement.

2. Der hohe Anteil in der Energiewirtschaft kann mit den über viele Jahre fast garantierten überdurchschnittlich hohen Renditen begründet werden. Obwohl die Renditen rückläufig sind, ist der Anteil an ÖPP-Unternehmen nur in einem vergleichsweise geringen Umfang gesunken, in erster Linie im Ergebnis von Kommunalisierungen. Das könnte im Sinne einer Hypothese daran liegen, dass die gemischtwirtschaftlichen Unternehmen mit in der Mehrzahl großen privaten Gesellschaftern und deren Know-how im Rücken die Ertragsrückgänge – größtenteils sind diese durch objektive Prozesse bedingt – besser kompensieren, als es in einer solitären Eigentümerstruktur möglich wäre.

3. Die beiden weiteren Bereiche mit einer noch immer recht hohen ÖPP-Häufigkeit – Entsorgung (7,5 %) und Wasser/Abwasser (6,5 %) – lassen sich ebenfalls mit der vorhandenen Ergebnisstabilität (gilt auch für die hoheitlichen Bereiche der Leistungserbringung) erklären.

4. In der Entsorgungswirtschaft korreliert die relativ hohe ÖPP-Häufigkeit – wieder analog zur Energiebranche – mit dem immensen Tempo, in dem technisch-technologische Anforderungen wachsen. Bei den Entsorgern ist es der Paradigmenwechsel zur Kreislaufwirtschaft, bei der Energie jener zu den Erneuerbaren. Das sind Quantensprünge, die im Kontext mit der Digitalisierung nur in engster Kooperation zu bewältigen sind. Insofern spricht einiges für unsere Annahme, dass in beiden Branchen der Anteil gemischtwirtschaftlicher Unternehmen deutlich steigen dürfte.

5. Seit ihrer Liberalisierung Ende der 90er Jahre des vorigen Jahrhunderts ist die Energiewirtschaft die Branche in der Daseinsvorsorge, in der Markt und Wettbewerb mit Abstand am stärksten ausgeprägt sind. Dieses Umfeld ist für private Beteiligungspartner deutlich attraktiver als ausgeprägt regulierte Bereiche wie die Krankenhäuser und die Wohnungswirtschaft. Zudem sind Krankenhäuser per se nicht existenzfähig ohne die erheblichen Investitionen, die von den Ländern in diesem Bereich getätigt werden. Das heißt weniger Markt und mehr Regulierung mit den damit verbundenen Ertragseinschränkungen sowie den Belastungen durch komplizierte vergaberechtliche Rahmenbedingungen. Andererseits aber sehen wir gerade für Krankenhäuser wegen des besonders großen Effizienzdrucks einerseits, und den wachsenden Anforderungen an die Erbringung der Gesundheitsleistungen andererseits, ein großes Erfordernis für Kooperationen. Besonders geeignete Strukturen sind u. E. gemischtwirtschaftliche Unternehmen und trägerunabhängige Netzwerke.

6. Die große Regulierungsdichte ist auch für die Wohnungswirtschaft eher ein ÖPP-Hemmnis. Lukrativ für die Privatwirtschaft sind in erster Linie die Bestände in den Ballungszentren. Aber gerade dort wächst der politische Druck auf die kommunalen Wohnungsgesellschaften, mehr Angebote in Mietsegmenten vorzuhalten, die auch den Empfängern von kleinen und mittleren Einkommen das Dach über dem Kopf ermöglichen. Die damit verbundene Deckelung von Einnahmen mindert auch die Erträge und kann langfristig zu einem nicht gewollten Rückgang der Investitionsbereitschaft privater Unternehmen führen.

7. Es besteht ein direkter Zusammenhang zwischen dem Know-how-Bedarf kommunaler Unternehmen und der Beteiligungsaffinität. Die kommunale Leistungserbringung erfolgt in eher kleinen und dezentralen Strukturen, in denen es auch aus betriebswirtschaftlicher Sicht schwierig ist, Kompetenzen mit hohem Ressourcenbedarf bei zugleich politischem Druck zur Deckelung von Preisen und Gebührendeckelung vorzuhalten. Hier haben große private Gesellschafter mit ihren Ressourcen auf fachlichem Gebiet, aber auch in Querschnittsbereichen (Forschung & Entwicklung, IT usw.) große Potenziale zur Kostensenkung. Gute Gewinnmöglichkeiten bestehen für Private auch dort, wo komplizierte und komplexe Aufgaben Spezialkenntnisse erfordern, die von den allermeisten kommunalen Unternehmen für relativ kleine Geschäftsfelder nicht vorgehalten werden können. Große, deutschlandweit tätige private Anbieter sind deutlich im Vorteil. Hochkarätiges Know-how aufzubauen ist teuer und rechnet sich nur mit häufiger Anwendung. Das ist ein wichtiges Motiv für den Privaten. Der kommunale Partner wiederum profitiert von lukrativen Ausweitungen des Kerngeschäfts. Mit überschaubarem finanziellem Aufwand erzielen beide Partner ökonomische Vorteile.

8. Ein nur für die Wohnungswirtschaft bestehender Grund, auf ÖPP-Unternehmen zu verzichten dürfte die bei Eigentumsübergängen (das sind auch Beteiligungen) anfallende Grunderwerbssteuer sein. Der Erwerb von Anteilen an kommunalen Gesellschaften kann damit nur in Ausnahmefällen zu marktüblichen Bedingungen refinanziert werden. Das ist vermutlich der wichtigste Grund dafür, dass es in diesem Bereich die geringste Quote an ÖPP-Unternehmen gibt.

Die grafisch dokumentierten Ergebnisse sind als Trendaussagen belastbar.[2] Für die Energiewirtschaft können wir von einer Vollerhebung ausgehen, denn die VKU-Mitgliederstatistik bildet praktisch komplett die kommunalen Versorger auf diesem Gebiet ab. Ein fast vergleichbarer Status besteht für die Entsorgungs- und Wasserwirtschaft. Hier konnten wir uns auf eine Zuarbeit der Remondis Aqua GmbH & Co. KG stützen, die eigene Daten sowie die Statistiken des Bundesverbandes der Energie- und Wasserwirtschaft e. V. (BDEW) auswertete.

Von den Fachverbänden für die Segmente Wohnungswirtschaft und Krankenhäuser haben wir zur Kenntnis genommen, dass deren Mitgliedschaft den größeren Teil der Unternehmen aller Eigentumsformen in der jeweiligen Branche abbildet.

Die von uns untersuchten Branchen decken bis auf den Öffentlichen Personennahverkehr (ÖPNV) alle Bereiche der kommunalen Daseinsvorsorge ab, die wirtschaftlich erbracht werden.[3] Insofern zeichnet unsere Erhebung ein recht vollständiges Bild davon, welchen Anteil ÖPP-Unternehmen an der kommunalen Daseinsvorsorge haben. Daraus auf die absolute Zahl solcher Unternehmen in Deutschland zu schließen, ist recht problematisch. Für die kommunale Energiewirtschaft wissen wir aus der VKU-Statistik, dass diese Zahl 186 beträgt. In der Entsorgungswirtschaft kennen wir die Zahl der Beteiligungen (66) von Remondis als dem mit Abstand größten Unternehmen und Beteiligungspartner dieser Branche. Im von uns nicht untersuchten ÖPNV können wir die Zahl der Beteiligungen eher vernachlässigen. Dort dominiert die Leistungserbringung in rein kommunalen Strukturen. Die eher kleine Zahl privater Dienstleister agiert ebenfalls in erster Linie solitär.

Für alle kommunalen Daseinsvorsorgebranchen gehen wir in unserer sehr vorsichtigen Schätzung von einer mittleren dreistelligen Gesamtzahl aus. Wir erinnern in Relation dazu an die nur zwei ÖPP-Unternehmen (Telekom, Post), die sich auf Bundesebene partiell in der Daseinsvorsorge betätigen sowie an unsere

---

[2]Die vier Länder sind repräsentativ für die 13 Flächenländer und die Mitglieder der Fachverbände, für die der Anteil der ÖPP-Unternehmen ermittelt wurde, bilden die jeweilige Branche weitgehend komplett ab. Detaillierte Aussagen zur Methodik dieser empirischen Untersuchung finden sich in Schäfer und Rethmann (2020) im Abschn. 5.3.

[3]Daneben gibt es noch den hoheitlichen Bereich, in dem z. B. der Brand- und Katastrophenschutz, das Rettungswesen oder die öffentliche Sicherheit angesiedelt sind. Per se gehören dazu nach unserer Definition auch Wasser/Abwasser und die Hausmüllentsorgung. Diese Leistungen werden vor allem gegen Gebühren erbracht, was den hoheitlichen Status belegt. Die Realisierung erfolgt wiederum wirtschaftlich, weshalb wir sie bei unserer Erhebung diesem Bereich zugeordnet haben.

Feststellung, dass diese Gattung auch auf der Ebene der 16 Bundesländer kaum anzutreffen ist.

Die von uns erstmals vorgenommen Quantifizierung belegt unsere Aussage, dass ÖPP-Unternehmen in der kommunalen Daseinsvorsorge eine herausgehobene Stellung haben. Der von uns verwendete Begriff „Erfolgsmodell" ist zutreffend. Das wird durch die große Stabilität und lange Lebensdauer dieser gemischtwirtschaftlichen Unternehmen bestätigt. Das zeigen wir nachfolgend konkret für die beiden größten kommunalen Beteiligungsnetzwerke in Deutschland.

3.2   Herausgehobene Beteiligungsnetzwerke in der Öffentlich-Privaten Daseinsvorsorge

Unsere Sicht, dass Öffentlich-Private Unternehmen in einer ÖPP-Hierarchie auf der höchsten Stufe stehen, gilt für die Gesamtheit dieser Kooperationen. Für die kommunale Daseinsvorsorge sind diese institutionalisierten Strukturen prägend. Denn wegen der außerordentlich hohen Anforderungen an die Qualität und Verfügbarkeit dieser Leistungen müssen Organisationsformen mit besonders großer Stabilität und Zuverlässigkeit implementiert werden. Diese gemischtwirtschaftlichen Unternehmen sind in vielen Fällen lokal und regional verortet, dürfen aber keinesfalls solitär gesehen werden. Sie sind integraler Bestandteil der dort bestehenden, horizontal organisierten kommunalwirtschaftlichen Netzwerke.

Was wir zur wachsenden Bedeutung und den objektiven Erfordernissen Öffentlich-Privater Kooperationen dargelegt haben, gilt auch für Interkommunale Kooperationen. Wir verstehen darunter

> „das Zusammenwirken kommunaler Gebietskörperschaften mit dem Ziel, die Aufgaben im Rahmen der kommunalen Selbstverwaltung arbeitsteilig und damit unter effizientester Nutzung der vorhandenen Ressourcen und mit größtmöglichem Nutzen für die Bürger zu erfüllen. Die Kooperation betrifft sowohl die Kernverwaltungen, als auch nachgeordnete kommunale Einrichtungen und Unternehmen. Die höchsten Formen der Zusammenarbeit sind rechtlich fixierte Strukturen wie Zweckverbände, gemeinsame Unternehmen und Einrichtungen. Die zentrale Idee interkommunaler Kooperationen ist die Etablierung übergreifender Netzwerke, beginnend mit informellen Strukturen und endend mit der Fusion von Körperschaften, Einrichtungen und Unternehmen" (Schäfer 2014, S. 202).

Es geht letztendlich um die Optimierung der kommunalen Aufgabenerledigung im hoheitlichen und wirtschaftlichen Bereich und vor dem Hintergrund immer komplizierterer Rahmenbedingungen. Wichtige Stichworte sind demografischer Wandel, Energiewende, Digitalisierung und strukturelle kommunale Unterfinanzierung.

Das Erfordernis zur Implementierung interkommunaler Kooperationen wird zunächst für die einzelne kommunale Gebietskörperschaft und die dort bestehenden Strukturen gesehen. Zweitens für das Zusammenwirken der Körperschaften und ihrer Unternehmen und Verbände im regionalen Maßstab.

Es gibt aber eine zweite Ebene, die für rein kommunale wie ÖPP-Kooperationen immer wichtiger wird: Die Formierung von dezentral aufgestellten Strukturen zu überregionalen Netzwerken.

Das Erfordernis für solche Netzwerke ist unstrittig. Die Effekte bestehen in erster Linie in höherer Effizienz im Gefolge von Spezialisierung und Kooperation, und einer höheren Innovativität. Deshalb investieren alle Produzenten in unserem Wirtschaftssystem, unabhängig vom Eigentumsstatus, erhebliche Ressourcen in die Optimierung der arbeitsteiligen Beziehungen und Strukturen. Bedeutende Netzwerke Im kommunalen Bereich sind neben den hier vorgestellten Strukturen von Thüga und Remondis die 1999 gegründete und in Aachen beheimatete Trianel, zu der rund 100 Stadtwerke, kommunale und regionale Energieversorger gehören, die u. a. bei der Beschaffung kooperieren.

Dieser Prozess hat eine wirtschaftliche und eine ethische Seite. Aus ökonomischer Sicht sind die zunächst nur lokal und regional agierenden gemischtwirtschaftlichen Unternehmen – genau wie alle anderen Produzenten auch – in den objektiven Prozess der weiter zunehmenden Arbeitsteilung integriert. Das findet auch ohne eigenes Zutun statt. Wir aber plädieren dafür, diese Entwicklung als Teil der Optimierung der kommunalen Daseinsvorsorge aktiv zu gestalten. Die Formierung überregionaler Netzwerke ähnlicher Produzenten und Leistungserbringer ist dabei eine Strategie, deren Bedeutung zunimmt.

Für die Daseinsvorsorge heißt der zentrale Effekt analog zur reinen Privatwirtschaft Effizienzerhöhung. Allerdings mit der primären Intention, die Leistungen der Daseinsvorsorge wirtschaftlicher zu erbringen bzw. sie angesichts immer komplizierterer Rahmenbedingungen auch zukünftig zu gewährleisten. Das hat auch eine ethische Dimension. Denn die Erbringung von Leistungen, die unser aller Existenz sichern, ist zweifellos nicht nur eine ökonomische, sondern vor allem eine humanitäre und gesellschaftspolitische Herausforderung.

3.2.1   Das Thüga-Modell und dessen Metamorphose von einem Öffentlich-Privaten zu einem Kommunal-Kommunalen Beteiligungsnetzwerk

Die großen Potenziale von ÖPP-Unternehmen erfahren einen deutlichen Zuwachs, wenn sich die lokalen Akteure national vernetzen. Dies gilt quantitativ (mehr Produkte, mehr Umsatz) und qualitativ (größere Innovativität, höhere Versorgungssicherheit).

Dafür steht wie kein anderer Akteur die 1867 im thüringischen Gotha gegründete und heute in München ansässige Thüga AG, die zu Recht als Pionier der Öffentlich-Privaten Daseinsvorsorgeunternehmen bezeichnet werden kann. Sie hat diesem Unternehmenstyp bis heute immer neue Impulse verliehen und bewiesen, dass er unter höchst unterschiedlichen Bedingungen ein verlässlicher Garant der Daseinsvorsorge ist.

Die Thüga hat insgesamt 100 Beteiligungen, 20.300 Mitarbeiter und repräsentiert einen Jahresumsatz von 21,5 Mrd. EUR (alle Zahlen aus dem Jahr 2019). Sie ist damit der größte kommunalwirtschaftliche Verbund in Deutschland. Schwerpunkte der Geschäftstätigkeit sind die Energie- und Wasserwirtschaft.

Grundlage ist das sogenannte Thüga-Modell. Die dort verankerten und bereits 1916 definierten Prinzipien haben sich bis heute kaum verändert. Bemerkenswert ist, dass sich diese Grundsätze in privater wie kommunaler Eigentümerschaft bewährt haben. Der privatwirtschaftliche Status innerhalb des Energiekonzerns Eon wurde im Dezember 2009 durch den Verkauf der Thüga an zwei kommunale Konsortien beendet. In diesen Eigentümergruppen sind Kommunen vereint, an denen die Thüga Beteiligungen unterhält.

Mit dem Bestand der Beteiligungsphilosophie in zwei grundlegend verschiedenen Eigentumsformen wird die zentrale These unseres Buches zum objektiven Erfordernis von Kooperationen bestätigt.[4]

---

[4]Einer der Autoren des Essentials, Michael Schäfer – er gehörte von 2010 bis 2019 dem Thüga-Beirat an – kennt den Thüga-Verbund seit 1990 aus verschiedensten Perspektiven. Zunächst im Kontext mit dessen Aktivitäten in den Neuen Bundesländern, wo sich die Thüga große Verdienste bei der Kommunalisierung der ostdeutschen Energiewirtschaft, insbesondere bei der Gründung von Stadtwerken, erworben hat. Der wohl wichtigste Beleg aus heutiger Sicht ist gewiss der, dass alle damals begründeten Minderheitsbeteiligungen an Stadtwerken und einigen Regionalversorgern, noch immer bestehen.

Die eigentumsrechtliche Basis und das Ziel des sogenannten Thüga-Modells:

- Es besteht das Prinzip, sich an kommunalen Unternehmen nur mit einer Minderheit, maximal 49 %, zu beteiligen.
- Das Beteiligungsnetzwerk hat das Ziel, durch Beratung und Dienstleistungen über Plattformen Mehrwert für Partnerunternehmen und deren kommunale Eigentümer zu schaffen. Es geht um die dauerhafte Stärkung der Ertragskraft, die Erhaltung attraktiver Arbeitsplätze, die Erwirtschaftung einer angemessenen Kapitalverzinsung durch die Steuerung der unternehmerischen Entwicklung des Netzwerks, die Gewinnung neuer Partnerunternehmen, die Forcierung der Wertsicherung und -entwicklung der einzelnen Unternehmen, die Initiierung und Moderation gemeinsamer Projekte zwischen Partnerunternehmen und die Förderung der Zusammenarbeit in der Gruppe.

Integraler Bestandteil des Modells sind die folgenden Prinzipien des Zusammenwirkens mit den Partnerunternehmen:

- Vertrauensvolle, objektive und transparente Zusammenarbeit mit der Geschäftsführung der Partnerunternehmen, dem kommunalen Mehrheitsgesellschafter und Akzeptanz der Arbeitnehmervertretungen als wichtige Gesprächs- und Verhandlungspartner nach dem Motto überzeugen, nicht überstimmen
- Schnelle gegenseitige Information in angemessenem Umfang und dem Primat einer offenen Kommunikation
- Respekt vor der Leistung des Anderen, Glaubwürdigkeit, Transparenz, Verbindlichkeit und Integrität
- Angemessene Gewichtung unternehmerischer Ziele der Partner unter Berücksichtigung der kommunalpolitischen Aufgaben und der Sicherstellung der notwendigen finanziellen Ausstattung der kommunalen Unternehmen

---

Das ist auch deshalb bemerkenswert, weil eine Reihe dieser Unternehmen heute in neuen, optimierten Strukturen agieren. Die Thüga hat diese Prozesse aktiv unterstützt und befördert. Exemplarisch dafür steht die Fusion von Erdgas Südachsen GmbH und Stadtwerke Chemnitz AG zur Eins Energie GmbH im Jahr 2010. Dieses Beispiel macht deutlich, dass die Thüga-Beteiligungen – und dies ausdrücklich auch in den Zeiten der Einbindung des Unternehmens in den privaten Eon-Konzern – nie als Finanz-, sondern als gestaltende Beteiligungen gelebt wurden.

3.2.2 Die Beteiligungen von Remondis als größtes Netzwerk in der Öffentlich-Privaten Daseinsvorsorge in Deutschland – ein privates Pendant zum Thüga-Modell?

Kommunal, und dort im Bereich der Daseinsvorsorge, ist die Remondis-Unternehmensgruppe deutschlandweit in 66 gemischtwirtschaftlichen Gesellschaften engagiert.[5] 47 dieser Unternehmen sind im Bereich Abfallwirtschaft/Entsorgung angesiedelt, elf bei Wasser/Abwasser, sieben beim Verkehr (ÖPNV) und ein Unternehmen in der Energiewirtschaft.

Rethmann ist damit der größte private Beteiligungspartner in der kommunalen Daseinsvorsorge in Deutschland. Der Schwerpunkt lag zunächst in der Entsorgungswirtschaft.

Im direkten Zusammenhang mit dem starken Wachstum der Gruppe kamen bis Mitte der 1990er Jahre weitere Bereiche der kommunalen Daseinsvorsorge hinzu: die Segmente Wasser/Abwasser, der ÖPNV und Energie. Kein anderes privates Unternehmen in Deutschland ist in so vielen Bereichen der Daseinsvorsorge engagiert. Bei der Leistungserbringung setzt die Remondis-Gruppe auf langfristige Partnerschaften mit den Kommunen. Folgerichtig dominieren gemischtwirtschaftliche Unternehmen und danach Betriebsführungsmodelle. Diese ÖPP-Modelle stehen inhaltlich und zeitlich in direkten Zusammenhang mit dem Engagement der Gruppe in den neuen Ländern, beginnend Ende 1989. Erst mit diesem Zeitpunkt wurde die Etablierung gemeinsamer Unternehmen – durch Beteiligung oder auch Gründungen – zu einem zentralen Element der kommunalen Rethmann-Strategie. Die ersten gemeinsamen Unternehmen entstanden im Jahr 1990.

Zu diesem Zeitpunkt gab es bereits klare Vorstellungen zur Beteiligungsphilosophie, und sie wurden nachweislich auch umgesetzt. Als geschlossenen Kanon gibt es die nachfolgend genannten REMONDIS-Prinzipien für Beteiligungen an kommunalen Unternehmen seit 2018. Zuvor waren sie Bestandteil verschiedener strategischer Grundsatzdokumente.

Multifunktionalität Remondis ist in mehreren Sparten der Daseinsvorsorge aktiv. Damit hat das Unternehmen ein theoretisches und praktisches Verständnis von der Komplexität der Erbringung von Leistungen der Daseinsvorsorge in einer

---

[5]Stand 31. Dezember 2019.

kommunalen Gebietskörperschaft, einschließlich der Fähigkeit, Schnittstellen zu definieren und die intrakommunale Kooperation zu optimieren.

Regionalität Remondis setzt als international und deutschlandweit tätiges Unternehmen auf dezentrale Organisations- und Entscheidungsstrukturen in Form von Regionalgesellschaften mit hoher Selbstständigkeit. Die dortigen Führungskräfte sind die Gesprächspartner der Kommunen. Das gilt auch für die Mitwirkung in den Kontrollgremien, in erster Linie den Aufsichtsräten gemeinsamer Unternehmen.

Achtung der kommunalen Spezifik Remondis versteht und respektiert, dass die kommunalen Eigentümer auch Schwerpunkte setzen, die die von der privaten Wirtschaft differieren und beachtet und akzeptiert die Spezifik der stark gremienbezogenen Entscheidungsprozesse.

Minderheitsbeteiligungen Remondis ist sich bewusst, dass die Kommunen Daseinsvorsorge nicht auf Grundlage einer rein unternehmerischen Entscheidung erbringen, sondern dazu verpflichtet sind. Auch dann, wenn Erträge nicht in marktüblicher Höhe oder gar nicht erwirtschaftet werden können. Wegen des Vorranges der kommunalen Gewährleistungsverantwortung stellt Remondis in Kooperationen sicher, dass die kommunale Seite das finale Entscheidungsrecht hat. Für gemeinsame Unternehmen heißt das im Regelfall, dass die Kommune die Mehrheit der Gesellschaftsanteile hält.

Primat der Langfristigkeit Remondis erkennt an, dass Unternehmen im Bereich der kommunalen Daseinsvorsorge strategisch so ausgerichtet werden müssen, dass deren Leistungen langfristig zuverlässig erbracht werden können. Dieses Prinzip steht in Übereinstimmung zur strategischen Ausrichtung von Remondis, generell, und auch als Beteiligungspartner in der Daseinsvorsorge.

Generationsübergreifende Unternehmensethik mit dem Kernprinzip Verlässlichkeit Remondis befindet sich in vierter Generation – wie auch die meisten anderen Unternehmen der Rethmann-Gruppe – vollständig in Familienbesitz. Eine hohe Eigenkapitalquote garantiert die weitestgehende Unabhängigkeit von Banken und Investoren, die sich ausschließlich auf hohe Renditen orientieren. Die Fortführung des wachsenden Unternehmens in dieser Familienstruktur und die Einheit von unternehmerischer Verantwortung und Besitz stellen sicher, dass das wichtigste Remondis-Prinzip, die Verlässlichkeit, aus eigener Kraft und eigenem Willen auch gelebt werden kann.

	Thüga	REMONDIS
Zahl der Beteiligungen an kommunalen Unternehmen im Bereich der Daseinsvorsorge	89	66
davon Mehrheitsbeteiligungen (mindestens 50,1 Prozent) (absolut und in Prozent)	3 = 3,4 %	9 = 13,6 %
Davon Minderheitsbeteiligungen (maximal 50 Prozent) (absolut und in Prozent)	86 = 96,6 %	57 = 87,4 %
Durchschnittliche Lebensdauer der Beteiligungen in Jahren für den Zeitraum 1990 bis 31. 07. 2019*	18,1 Jahre	16,8 Jahre

* Bereits erwähnt wurde, dass für REMONDIS bzw. vormals RETHMANN erst im Jahr 1990 gemischtwirtschaftliche Unternehmen auf kommunaler Ebene zu einer strategischen und damit auch zu einer konkreten Option wurden. Und zwar im Zusammenhang mit den Aktivitäten in den neuen Ländern bzw. in der noch bestehenden DDR. Für einen seriösen Vergleich der Lebensdauer von ÖPP-Unternehmen zwischen REMONDIS und Thüga kann also nur der Zeitraum 1990 bis 2019 betrachtet werden. Zudem begannen beide Unternehmen praktisch zeitgleich ihre Aktivitäten in Ostdeutschland, ein weiterer Grund für den gewählten Vergleichszeitraum. Der Vollständigkeit halber und um die Zahlenvergleiche nachvollziehbar zu machen, seien hier auch die absoluten Zahlen genannt. Die erste und heute noch bestehende Beteiligung der Thüga datiert aus dem Jahr 1920, feiert also demnächst ihr 100-jähriges Jubiläum. Insgesamt datieren zehn der insgesamt 89 in diesem Kapitel dokumentierten Thüga-Beteiligungen aus der Zeit vor 1990. Damit gehen in die Vergleichsstatistik 79 der 89 Thüga-Beteiligungen ein. Bei REMONDIS berücksichtigen wir alle 66 Beteiligungen, denn vor 1990 waren kommunale Beteiligungen definitiv nicht Gegenstand der wirtschaftlichen Betätigung, also auch nicht in Westdeutschland.
Für Zahlenfreunde: die 66 REMONDIS-Beteiligungen hatten zum Stichtag 31. Juli 2019 ein Gesamtalter von 1.109 Jahren. Die 79 Thüga-Beteiligungen im Vergleichszeitraum 1990 – 2019 brachten es in Summe auf 1.437 Jahre.
Das Gesamtalter der gemischtwirtschaftlichen Thüga-Unternehmen unter Berücksichtigung der zehn Beteiligungen, die bereits vor dem 01. Januar 1990 bestanden, beträgt 2.054 Jahre

Abb. 3.2 Die kommunalen Beteiligungen von Thüga und Remondis. Eine vergleichende Übersicht nach der Zahl der Beteiligungen, der Größe der Anteile an den kommunalen Unternehmen (Minderheits- oder Mehrheitsbeteiligungen) und der Lebensdauer

Sowohl hinsichtlich der Zahl der Beteiligungen als auch bezogen auf die Eckpunkte der Beteiligungsphilosophie – herausgehoben das Prinzip der Minderheitsbeteiligungen – sind bemerkenswerte Übereinstimmungen zwischen dem Thüga-Modell und den Remondis-Prinzipien zu konstatieren. Das rechtfertigt es, das Beteiligungsmodell von Remondis in der kommunalen Daseinsvorsorge als privates Pendant zum Thüga-Modell zu bezeichnen. Das wird im folgenden direkten Vergleich deutlich sichtbar.

3.2.3 Ein vergleichendes Fazit der größten deutschen Beteiligungsnetzwerke

Unter den Beteiligungsnetzwerken in der kommunalen Daseinsvorsorge sind Thüga und Remondis als kommunale bzw. private Beteiligungspartner hinsichtlich ihrer Größe in Deutschland ohne Beispiel.

Das Thüga-Modell mit seinem stabilen Bestand seit 1916 hat sich nicht nur in privater und kommunaler Eigentümerschaft bewährt, sondern auch unter den extremen Herausforderungen der radikalen Liberalisierung des Energiemarktes Ende der 1990er Jahre und der mit dem Ausstieg aus der Atomenergie begonnenen Energiewende in Deutschland.

Auch das kommunale Beteiligungsportfolio von Remondis ist in Deutschland ein Solitär. Dessen Stabilität – das wurde anhand der Lebensdauer der Beteiligungen nachgewiesen – basiert maßgeblich auf der konsequent gelebten Beteiligungsphilosophie. Diese ist deutlich „jünger" als das Thüga-Modell, diesem aber ähnlich. Das ist eine wichtige Erklärung für die vergleichbare Stabilität der Beteiligungen.

Eine Besonderheit der kommunalen Remondis-Beteiligungsfamilie ist das Vorkommen in mehreren Segmenten der Daseinsvorsorge.

Neben der langen Lebensdauer gilt für beide Modelle auch die konsequente Beachtung des Prinzips der Minderheitsbeteiligungen. Mit sehr großer Wahrscheinlichkeit kann angenommen werden, dass zwischen der Wahrung dieses Prinzips und der Stabilität der gemischtwirtschaftlichen Unternehmen ein enger Zusammenhang besteht. Dies wird in Abb. 3.2 ersichtlich.

Die in der Tabelle dokumentierte Beschränkung auf weniger als 50 % des gemeinsamen Eigentums sind zusammen mit dem wirtschaftlichen Erfolg und der hohen Qualität der Leistungserbringung nach unserer Einschätzung zentrale Gründe für die Bestandskraft der gemischtwirtschaftlichen Unternehmen von Thüga und Remondis. Deren hohe Akzeptanz vor Ort basiert neben den Kompetenzen im Kerngeschäft auch in vielfältigen, ökonomisch relevanten Impulssetzungen im regionalen Umfeld der Unternehmenssitze. Dort werden Einkaufsquoten von 90 % und mehr realisiert, wovon in erster Linie kleine Handwerksbetriebe, Händler und weitere Dienstleister profitieren. Große kommunale Relevanz haben die ÖPP-Betriebe u. a. als Steuerzahler[6] als Arbeitgeber mit Tariftreue und überdurchschnittlich hohen Ausbildungsquoten.[7]

Ein dritter Aspekt betrifft die konsistente Eigentümerstrategie. Diese wird von den kommunalen und privaten Gesellschaftern bzw. Aktionären entwickelt und bringt die auch unterschiedlichen Zielpriorisierungen – Daseinsvorsorge und Ertragsoptimierung – in eine bemerkenswerte Balance. In diesem Prozess sind die

---

[6]Hier geht es in erster Linie um die Gewerbesteuer. Da die Unternehmen in der jeweiligen Kommune ihren Hauptsitz haben, fließen die Zahlungen unverkürzt in die Haushalte.

[7]Diese und weitere Effekte wurden von einem der Autoren für kommunale Unternehmen gezeigt (Schäfer 2014, S. 46). Sie gelten gleichermaßen für gemischtwirtschaftliche Unternehmen in der kommunalen Daseinsvorsorge.

oft paritätisch besetzten Geschäftsführungen ebenso eingebunden wie die Aufsichtsräte (die Mitglieder werden von kommunaler und privater Seite bestellt) und die relevanten kommunalen Gremien. Dies betrifft auch die Umsetzung der strategischen Vorgaben einschließlich der ständigen Nachjustierung.[8]

3.2.4 Die Schaffung stabiler kommunaler Wertschöpfungsstrukturen in Ostdeutschland durch die Etablierung von ÖPP-Unternehmen. Die Beispiele Thüga, Remondis und kommunale Energieversorgung

Ostdeutschland weist auch im 30. Jahr der Deutschen Einheit erhebliche strukturelle Unterschiede zu den alten Ländern auf. Das soll mit nachfolgenden Fakten illustriert werden:

- Von den 500 größten Unternehmen bundesweit kommen nur acht aus den neuen Ländern
- Kein einziges der 30 Dax-Unternehmen hat seinen Sitz in Ostdeutschland
- Dass Bruttoinlandprodukt je Einwohner in Ostdeutschland liegt nur knapp über 70 % des Wertes in den alten Bundesländern (Dittmann et al. 2013; Bundesministerium für Wirtschaft und Energie 2019, u. a. Tabelle „Anteil der Beschäftigten nach Betriebsgrößenklassen im Vergleich zu 2018 zwischen West- und Ostdeutschland", S. 112)

Die in Ostdeutschland deutlich niedrigere Wirtschaftskraft basiert unter anderem auf der einseitigen Orientierung der Treuhandanstalt. „Ihr Auftrag lautete: Die DDR-Wirtschaft wegprivatisieren, so schnell wie möglich. Rückblickend muss man sagen: Der Ausverkauf war gewollt" (Tkalec 2020, S. 3). „Detlev Rohwedder (bis 1991 erster Präsident der Treuhand – Anm. der Autoren) gehörte zu den wenigen, die versuchten den politikverordneten Ausverkauf zu bremsen."

---

[8]Wir verweisen auf unser ÖPP-Buch. Dort haben wir deutliche Mängel in der Eigentümerstrategie des Bundes bei den beiden ÖPP-Unternehmen des Bundes (Telekom und Post) gefunden. Noch gravierender aber waren und sind die Defizite bei der 100 %igen Bundesbeteiligung DB AG. Nach unserer Überzeugung könnte der Bund diese Defizite unter Nutzung der Erfahrungen der beiden größten kommunalen Beteiligungsnetzwerke in Deutschland deutlich kompensieren.

Das dazu alternative Prinzip „Sanierung vor Privatisierung" habe er jedoch gegen heftige Widerstände aus westdeutscher Politik und Wirtschaft nicht durchsetzen können.

Treuhandpräsident Rohwedder schätzte den von seiner Institution verwalteten Anteil am DDR-Volksvermögen auf immerhin 600 Mrd. D-Mark. „Er kam zu 85 Prozent in den Besitz Westdeutscher, zu zehn Prozent ins Ausland, fünf Prozent blieben in ostdeutschem Besitz" (ebenda). Was nicht privatisiert werden konnte, wohl aber zu erheblichen Teilen hätte saniert werden können, wurde abgewickelt. Das waren in erster Linie die volkseigenen Kombinate. Tkalec spricht von der Deindustrialisierung des sogenannten Beitrittsgebietes und stellt fest: „Alternativlos war das Verfahren ganz sicher nicht" (Tkalec 2020).

Das zeigt die Kommunalwirtschaft, die

> „generell in den neuen Bundesländern, eine vergleichsweise herausgehobene Rolle einnimmt. Diese im Vergleich zu den alten Bundesländern größere Bedeutung der kommunalen Wirtschaft in Ostdeutschland erwächst nicht aus der Verlängerung sozialistischer Staatsstrukturen in die Gegenwart hinein, sondern aus der bis heute andauernden Unterentwicklung des privatwirtschaftlichen Sektors. In dieser Lage stellen kommunale Unternehmen nicht selten die einzigen Fix- und Ausgangspunkte wirtschaftlicher Impulse im Osten dar" (Schäfer 2014, S. 59 f.).

Diese Rolle kann die Kommunalwirtschaft auch deshalb spielen, weil nach der Wende in Ostdeutschland Akteure aus den alten Bundesländern diesen zum Treuhandvorgehen alternativen Weg beschritten haben: Sanierung bestehender und Implementierung neuer Wertschöpfungsstrukturen. Das Erfolgsrezept auch unter diesen historisch einmalig zu nennenden Bedingungen lautete ÖPP-Unternehmen. Diese entstanden in fairen Partnerschaften mit den Kommunen der neuen Länder, die nach 40 Jahren Staatssozialismus am 17. Mai 1990 mit dem von der freigewählten Volkskammer beschlossenen Gesetz über die Selbstverwaltung der Gemeinden und Landkreise in der DDR (Kommunalverfassung) auch ihr Vermögenzurückerhalten hatten. Vorenthalten wurde den Kommunen zunächst das Energievermögen. Das hatten die drei großen westdeutschen Energiekonzerne bereits 1990 unter sich aufgeteilt, Das wurde durch den historischen Stromvergleich vor dem Bundesverfassungsgericht im Jahr 1992 weitgehend korrigiert.

Die Beteiligungsgrundsätze von Thüga wie von Remondis haben sich in dieser für Deutschland einmaligen historischen Situation bewährt. Beide Unternehmen haben mit weit überdurchschnittlichem Engagement nach der friedlichen Revolution des Jahres 1989 in den neuen Ländern zum Aufbau einer modernen kommunalen Energie-, Entsorgungs- und Wasserwirtschaft beigetragen. In erster

		ÖPP-Unternehmen Thüga Deutschland (absolut und in Prozent)	ÖPP-Unternehmen Remondis (absolut und in Prozent)
Deutschland Gesamt (Bevölkerung, ökonomische Parameter)	100 %	89 = 100 %	66 = 100 %
davon Ostdeutschland	20 %	26 = 29 %	23 = 29 %

Abb. 3.3 Häufigkeit von ÖPP-Unternehmen im Bereich der kommunalen Daseinsvorsorge der Beteiligungspartner Thüga und Remondis

Linie durch Beteiligungen an vielen der neuen kommunalen Daseinsvorsorgeunternehmen.

Damit sind leistungsfähige Wertschöpfungsstrukturen entstanden. Das darin enthaltene kommunale Vermögen gehört letztendlich den Bürgern.[9] Das ändert nichts am extremen Übergewicht der alten Länder beim Produktivvermögen. Aber die Entstehung und auch der Zuwachs an kommunalem Vermögen – dieser kann für praktisch alle ÖPP-Unternehmen gezeigt werden – stärkt die für unsere Gesellschaft so wichtigen Kommunen und hat darüber hinaus auch Symbolkraft. Denn die Daseinsvorsorgestrukturen in den neuen Ländern sind im Vergleich mit dem Westen absolut ebenbürtig, in etlichen Fällen sogar moderner und effizienter. Was auch als Indiz dafür gelten darf, dass sich der Osten vermutlich deutlich besser entwickelt hätte, wenn man auch für die industriellen DDR-Strukturen ähnliche Wege der Sanierung im Rahmen fairer Partnerschaften beschritten hätte.

Das ostdeutsche Engagement von Thüga und Remondis dokumentiert die Abb. 3.3.

Thüga und Remondis sind also in den ersten Jahren nach der Wende überproportional in Ostdeutschland gewachsen. Die damals entstandenen ÖPP-Strukturen sind nahezu ausnahmslos bis heute nicht nur von Bestand, sondern haben auch erheblich an Wert gewonnen. Mit der Kraft des Faktischen stehen sie für das von uns präferierte Partnerschaftsmodell: Gemischtwirtschaftliche Unternehmen in der kommunalen Daseinsvorsorge, die in Netzwerken ihre großen Potenziale besonders gut entfalten.

---

[9]Wir erinnern in diesem Zusammenhang an die gerade dokumentierte Zahl, wonach im Zuge der Treuhandprivatisierungen gerade einmal fünf Prozent an Ostdeutsche gingen. Auch angesichts der großen Ost-West-Vermögensunterschiede zum Nachteil der Ostdeutschen hat die Miteigentümerschaft der Bürger – diese besteht nicht juristisch, wohl aber gesellschaftlich – am kommunalen Vermögen auch erhebliche politische Relevanz.

	Anzahl absolut	In Prozent
Mitglieder Neue Länder	161	100
Davon ÖPP-Unternehmen	60	37,7
Mitglieder Alte Länder	624	100
Davon ÖPP-Unternehmen	126	20,2
Mitglieder gesamt	785	100
Davon ÖPP-Unternehmen	186	23,7

Abb. 3.4 ÖPP-Häufigkeiten bei VKU-Mitgliedsunternehmen mit mindestens einer Energiesparte im Vergleich der alten und neuen Bundesländer (2018)

Auch in der ostdeutschen kommunalen Energiewirtschaft liegt der Anteil an ÖPP-Unternehmen in Osten deutlich höher als im Westen. Das zeigt die Mitgliederstatistik des Verbandes kommunaler Unternehmen e. V. (VKU), Stand 31. 12. 2018. Während der Anteil von ÖPP-Unternehmen an den Mitgliedern deutschlandweit bei 23,7 % lag, betrug er für Ostdeutschland 37,3 %.[10] Diese Ost-West-Unterschiede zeigt im Detail Abb. 3.4.

Diese nach der Wende entstandenen ÖPP-Strukturen haben Stabilität und Flexibilität unter extremen Herausforderungen wie der Liberalisierung des

---

[10]Die kommunale und regionale Energiewirtschaft ist nahezu vollständig im VKU organisiert. Unsere Zahlen sind also repräsentativ für diese Branche. Wir danken Frau Nadine Gerks, Leiterin des Bereiches Grundsatz, Strategie, Digitales im VKU, und Herrn Carsten Barginda, VKU-Mitgliederverwaltung, für die wertvolle Unterstützung mit der Bereitstellung der aktuellen Zahlen für das Jahr 2018. Diese Werte (Mitglieder und Anteil der ÖPP-Unternehmen sind im Vergleich mit den Zahlen für 2016, die wir für das ÖPP-Buch verwendet hatten, nahezu konstant.

Energiemarktes und der Energiewende bewiesen. Insofern ist es zulässig, einen Zusammenhang zu den Netzwerken von Thüga und Remondis herzustellen. Die Genesis aber ist eine deutlich andere. Die drei westdeutschen Stromversorger RWE, PreußenElektra und Bayernwerk hatten bereits im August 1990 den DDR-Markt nahezu komplett unter sich aufgeteilt. Die dazu geschlossenen sogenannten Stromverträge hätten kommunale Stadtwerke in den neuen Ländern dauerhaft verhindert. Dagegen klagten ostdeutsche Kommunen, die mit dem historischen Vergleich des Bundesverfassungsgerichts im Jahr 1992 ihr Energievermögen zurückerhielten. Die westdeutschen Stromkonzerne nutzten danach in vielen Fällen die im Stromvergleich fixierte Möglichkeit, sich an den neuen ostdeutschen Stadtwerken zu beteiligen.[11]

In Relation dazu hat die Aufbauarbeit von Thüga und Remondis eine ganz andere, deutlich höhere Qualität. Denn hier entstanden ÖPP-Strukturen im aktiven, selbstverantworteten Handeln gleichberechtigter Akteure aus der kommunalen Familie und der privaten Wirtschaft. In Gänze haben die in Relation zu den alten Ländern überproportional vertretenen ÖPP-Unternehmen in der kommunalen Daseinsvorsorge einen wichtigen Beitrag für die wirtschaftliche Entwicklung Ostdeutschlands geleistet. Mit ihrer Stabilität und Ertragskraft tragen sie aber auch dazu bei, die noch bestehenden Ost-West-Disparitäten abzubauen. Dies ist im gesamtstaatlichen Interesse, siehe u. a. das Stichwort Länderfinanzausgleich.

---

[11]Umgekehrt erhielten die ostdeutschen Kommunen die Möglichkeit, sich an Regionalversorgern (ostdeutsche Töchter der Energiekonzerne) zu beteiligen.

Öffentlich-Private Daseinsvorsorge. Fazit und Vorausschau

Zum Schluss möchten wir drei grundlegende Schlussfolgerungen zur Diskussion stellen. Darin sind auch aktuelle Erfahrungen aus der historisch zu nennenden Corona-Pandemie eingeflossen.

Erstens kann und muss der Staat, die Bundesrepublik Deutschland, aus den Erfahrungen kommunaler Daseinsvorsorge und hier speziell aus den dortigen ÖPP-Unternehmensstrukturen lernen. Stichworte sind in erster Linie konsistente Eigentümerstrategie; Optimierung von Daseinsvorsorge, Effizienz und Gewinnerzielung; Organisation lokal-regional-nationaler Wertschöpfungsprozesse für existenzielle Produkte und Leistungen incl. der Etablierung von Netzwerken.

Das Erfolgsmodell kommunaler ÖPP-Unternehmen taugt auch als Vorbild für Strukturen auf Bundesebene, die die Erbringung von Leistungen der Daseinsvorsorge zum Gegenstand haben.

Das betrifft bestehende wie den ÖPP-Konzern Telekom AG, genauso wie Überlegungen sich temporär (z. B. zur Liquiditätssicherung – siehe die Debatte über eine Bundesbeteiligung an der Lufthansa AG im Corona-Kontext) an Unternehmen, die auch Daseinsvorsorgerelevanz haben, zu beteiligen. Das Beispiel der Commerzbank zeigt, dass dazu eine klare Exit-Strategie die zwingende Voraussetzung ist.

Zweitens sollte eine sachbezogene Debatte über Rekommunalisierungen stärker auf die Frage konzentriert werden, in welchen Bereichen Leistungen der Daseinsvorsorge aktuell oder auch absehbar kommunal nicht rentabel erbracht werden können.[1] Hier könnten verstärkt Öffentlich-Private Unternehmen mit

---

[1]Ein Aspekt ist das sogenannte *Marktversagen*. Exemplarisch dafür steht die Bereitstellung der Infrastrukturen (Glasfaserkabel) für schnelles Internet in dünn besiedelten Regionen, in denen mit der geringen Anzahl der potenziellen Nutzer keine Refinanzierung der Investitionen dargestellt werden kann.

© Springer Fachmedien Wiesbaden GmbH, ein Teil von Springer Nature 2020
M. Schäfer und L. Rethmann, *Öffentlich-Private Daseinsvorsorge (ÖPD) in Deutschland*, essentials, https://doi.org/10.1007/978-3-658-31100-1_4

ihrer nachgewiesenen hohen Effizienz und der Fähigkeit zur Optimierung von Aufgabenerledigung und Ertrag ihre Potenziale einbringen.[2] Minderheitsbeteiligungen leistungsfähiger privater Partner sind dann eben kein Verkauf von „Tafelsilber", sondern eine Stärkung der kommunalen Fähigkeiten, Leistungen der Daseinsvorsorge auch unter komplizierten Rahmenbedingungen weiter zu erbringen.

Aus dieser Sicht wäre die Rekommunalisierung erfolgreicher ÖPP-Daseinsvorsorge-Unternehmen kontraproduktiv. Denn zu den definierten Erfolgskriterien gehört auch der Wertzuwachs des dort enthaltenen kommunalen Vermögens.

Drittens brauchen wir eine grundsätzliche politische Diskussion darüber, wie wir die öffentliche Verantwortung für die Daseinsvorsorge im 21. Jahrhundert konkret zu verstehen haben, und welche praktischen Konsequenzen sich daraus auch für die Öffentlich-Private Aufgabenerledigung ergeben.

Zu diesen drei Schlussfolgerungen einige Anmerkungen:

Regional differenzierte Daseinsvorsorge-Standards
Benötigt werden eindeutige und regional differenzierte Standards (z. B. sind ÖPNV-Anforderungen in Metropolen qualitativ anders als in strukturschwachen Regionen) für alle Leistungen im Kanon der Daseinsvorsorge.

Mit den Standards bekommen die öffentlichen Aufgabeträger langfristige Planungssicherheit und sind in der Lage zu analysieren, in welchen Fällen die Gewährleistung dieser Vorgaben nur im Rahmen von Kooperationen gewährleistet werden kann.

Dynamischer Kanon mit permanentem Erfordernis zur Aktualisierung
Daseinsvorsorge muss nicht nur differenziert (Stichwort Standards), sondern auch dynamisch gedacht werden. Das muss die Politik besser (oder partiell sogar überhaupt) verstehen und vor allem im konkreten Handeln umsetzen.

---

[2]Vertrags-ÖPP, das haben wir in unserem ÖPP-Buch gezeigt, sind für solche langfristigen Aufgaben nicht geeignet. Hochkomplexe Szenarien lassen sich in Vertragswerken für solche Zeiträume nicht abbilden. Rein staatliche Unternehmensstrukturen hätten im Regelfall Know-how-Defizite und müssten auf die Effizienz- und Objektivierungspotenziale privater Partner verzichten. Für ÖPP-Unternehmen in der staatlichen Daseinsvorsorge (das gilt auch für die kommunale Ebene) müsste allerdings das auf EU-Ebene normierte Vergaberecht unter Hinweis auf die besondere Wertschöpfungsqualität in der Daseinsvorsorge angepasst werden.

Die Corona-Krise hat gelehrt, dass wir den Kanon der Daseinsvorsorge und der dazu nötigen Infrastrukturen um neue Segmente erweitern müssen, die im Kontext der öffentlichen Daseinsvorsorgeverantwortung noch nicht in den Blick genommen wurden, und zwar auch unter dem Stichwort kritische Daseinsvorsorge-Infrastrukturen.[3] Hier geht es um die staatliche bzw. kommunale Verantwortung zur Leistungserbringung. Wer die Leistung erbringt, muss wettbewerblich (Ausnahme Marktversagen) entschieden werden.

Erfordernis nach Optimierung der Daseinsvorsorge-Strukturen im Gesundheitswesen als Schlussfolgerung aus der Corona-Krise
Dazu beispielhaft im Sinne einer Impulssetzung einige Anmerkungen:

- Der Staat steht in der von uns definierten Daseinsvorsorge-Verantwortung. Das heißt beispielsweise, dass er sicherstellen muss, dass lebenswichtigen Pharmaka bzw. deren Grundstoffe, Produkte für den Seuchen- und Katastrophenschutz, intensivmedizinische Ausrüstungen usw. auch unter extremen Umständen wie denen einer Pandemie in ausreichendem Umfang verfügbar sein müssen. Das ist die Prämisse. Ob dazu globale Wertschöpfungsketten verändert, oder die Struktur und die Umfänge von vorzuhaltenden Reserven neu bestimmt werden müssen, kann nur im Ergebnis fundierter Analysen entschieden werden. Wir plädieren dafür, dass dieser Prozess auf EU- und nationaler Ebene stattfindet. Zentrale Fragen sind u. a. welche Reserven (Nomenklatur und Mengen) für Krisen vorgehalten werden müssen, wo dies geschehen muss, und welche Anforderungen an funktionsfähige und effektive Kontrollmechanismen bestehen.
- Über ökonomische Fehlsteuerungen im Gesundheitswesen – hier nur das Stichwort Operationen[4] – wird seit Jahren diskutiert. Dahinter aber steht eine grundsätzliche Unwucht. Nämlich die ungenügende Austarierung der scheinbar gegensätzlichen Zielfunktionen Gewinn und garantierte Erledigung der Daseinsvorsorgeleistung. Das Gesundheitswesen ist innerhalb der Daseinsvorsorge vermutlich der Bereich, in dem diese Disharmonie besonders gravierend ist. Tendenz mit Blick auf absehbare weitere Kostensteigerungen

---

[3]Vor diesem Hintergrund wurden im Kontext mit der Arbeit an diesem Essential die Definitionen Daseinsvorsorge, Daseinsvorsorge-Infrastrukturen und Kritische Daseinsvorsorge-Infrastrukturen im Gabler Wirtschaftslexikon (Autor jeweils Michael Schäfer) aktualisiert (vgl. Schäfer 2020a, b, c).
[4]Laut dem OECD World Health Report 2019 ist Deutschland hier Spitzenreiter in Europa.

zunehmend. Wir haben bewiesen, dass Öffentlich-Private Unternehmen in der kommunalen Daseinsvorsorge für diese Zieloptimierung besonders geeignet sind, und sich diese Fähigkeiten mit Netzwerken noch deutlich verbessern. Für uns sind ÖPP-Unternehmen und trägerübergreifende Kooperationen zwischen den öffentlichen, privaten und frei-gemeinnützigen Krankenhäusern[5] · [6] für die Strukturoptimierung im Gesundheitswesen Mittel der Wahl. Derzeit sind sie dort eher eine Ausnahme.[7] Was – dies sei als Hypothese formuliert – ein Grund für die genannten Unwuchten sein könnte.

Unsere grundlegenden Überlegungen in Verbindung mit dem konkreten Blick auf Corona zeigen, dass die Politik viel konsequenter bestehende Strukturen und Standards für praktisch alle Leistungen der Daseinsvorsorge immer wieder auf den Prüfstand stellen und auch verändern muss. Nicht erst dann, wenn „das Kind in den Brunnen gefallen" ist. Die Pandemie hat deutlich gemacht, dass ökonomische Fehlsteuerungen der Medizin in Deutschland (Schwerpunkt Krankenhäuser) das Gesamtsystem und mithin die medizinische Daseinsvorsorge für alle Bürger gefährden können. Ob unter dem Eindruck der Corona-Krise die überfälligen Schlussfolgerungen gezogen werden? Es gibt leider viele Gründe zu bezweifeln, dass dies überhaupt, und wenn ja, mit der nötigen Radikalität geschieht.

Gleichwohl, und das ist gute Botschaft am Ende, wird Deutschland, davon sind die Autoren überzeugt, im Ranking der von Corona betroffenen Länder vergleichsweise gut abschneiden. Nicht zuletzt deshalb, weil es hierzulande seit der weltweiten Wirtschafts- und Finanzkrise der Jahre 2008/2009 eine deutliche Rückbesinnung zur grundlegenden öffentlichen Daseinsvorsorgeverantwortung gegeben hat, und vor allem auf kommunaler Ebene leistungsstarke Akteure zur Erbringung dieser Leistungen agieren. Dazu gehören ausdrücklich auch die gemischtwirtschaftlichen Unternehmen, zentraler Gegenstand des vorliegenden Essentials.

---

[5]Ludger Rethmann ist Kuratoriumsmitglied in einer Stiftung und Mitglied des Aufsichtsrates eines katholischen Klinikums (frei-gemeinnütziger Träger).

[6]Deutschland verfügt (Stand: 2017) über 497.182 Krankenhausbetten. Davon entfallen 238.748 = 48 % auf öffentliche, 165.245 = 33 % auf frei-gemeinnützige und 93.189 = 19 % auf private Krankenhäuser (Deutsche Krankenhausgesellschaft 2018).

[7]Zur Erinnerung: Während in der Energiewirtschaft fast ein Drittel der Unternehmen öffentlich-privat ist, beträgt dieser Anteil bei den Krankenhäusern nur 1,3 %. Gering ist auch der Kooperationsstatus. Die geforderte trägerübergreifende Zusammenarbeit ist derzeit eine Marginalie.

Was Sie aus diesem *essential* mitnehmen können

- Die Produktionsweise in den meisten Industrie- und Schwellenländern basiert auf dem Privateigentum am Produktivvermögen. Dieser Anteil beträgt in Deutschland 88 %. Die anderen Eigentumsformen, in erster Linie die Öffentliche Hand, sind mit 12 % beteiligt. Daraus, und aus der zunehmenden Arbeitsteilung, folgt das objektive Erfordernis für Kooperationen.
- Der über viele Jahrzehnte einseitig auf Vertrags-Partnerschaften reduzierte ÖPP-Begriff umfasst in Wirklichkeit Strukturen von der einfachen Beauftragung über vertraglich basierte Kooperationen, Betriebsführungen bis zu gemeinsamen Unternehmen. Gegenstand ist mehrheitlich die Daseinsvorsorge. Diese hat wegen der Erbringung existenzieller Leistungen eine qualitative Sonderstellung. Deshalb wurde – in Ergänzung zur Definition Öffentlich-Private Partnerschaften – der Begriff Öffentlich-Private Daseinsvorsorge geprägt (beide Definitionen: Gabler Wirtschaftslexikon). Definiert werden zudem Anforderungen an private Partner aus der kommunalen Perspektive.
- Öffentlich-Private Unternehmen sind die höchste Kooperationsform von Akteuren dieser beiden Eigentümergruppen. Absoluter Schwerpunkt mit einer hohen dreistelligen Zahl von Unternehmen ist die kommunale Ebene. Ihre Anteile liegen in der Energiewirtschaft, der Entsorgung/Kreislaufwirtschaft und Wasser/Abwasser mit 23,7, 7,5 und 6,5 % am höchsten.
- Handlungsbedarf für die Politik ergibt sich vor allem unter folgenden Aspekten:
  Die stabilen und langfristig bestehenden ÖPP-Unternehmen auf kommunaler Ebene haben sich als innovative und hoch effiziente Garanten für die existenzielle Daseinsvorsorge mit ihren extrem hohen Anforderungen an permanente Versorgungssicherheit hervorragend bewährt. Diese Erkenntnisse

© Springer Fachmedien Wiesbaden GmbH, ein Teil von Springer Nature 2020
M. Schäfer und L. Rethmann, *Öffentlich-Private Daseinsvorsorge (ÖPD) in Deutschland,* essentials, https://doi.org/10.1007/978-3-658-31100-1

und Erfahrungen müssen zur ÖPP-Optimierung auf Ebene des Bundes genutzt werden. Ein Schwerpunkt sind konsistente, das Primat der Daseinsvorsorge beachtende Eigentümerstrategien. Zudem sollte das Vergaberecht modifiziert werden, um der besonderen Qualität der Daseinsvorsorge in der Wertschöpfung Rechnung zu tragen.

In den dynamischen Kanon der Daseinsvorsorge müssen als Konsequenz aus der Corona-Pandemie vor allem die Vorhaltung lebenswichtiger und -rettender Pharmaka, der dazu notwendigen Grundstoffe, von Produkten für den Seuchen- und Katastrophenschutz und die Intensivmedizin aufgenommen werden.

Literatur

Literatur, im Text zitiert

Bundesministerium für Wirtschaft und Energie. (2019). Jahresbericht der Bundesregierung zum Stand der Deutschen Einheit 2019. Berlin. https://www.bmwi.de/Redaktion/DE/Publikationen/Neue-Laender/jahresbericht-zum-stand-der-deutschen-einheit-2019.html. Zugegriffen: 3. März 2020.

Deutscher Bundestag. (2020). Grundgesetz der Bundesrepublik Deutschland. www.bundestag.de/grundgesetz. Zugegriffen: 2. Apr. 2020.

Deutsche Krankenhausgesellschaft. (2018). Eckdaten der Krankenhausstatistik. https://www.dkgev.de/fileadmin/default/Mediapool/3_Service/3.2._Zahlen-Fakten/Eckdaten_Krankenhausstatistik.pdf. Zugegriffen: 15. Mai. 2020.

Dittmann, H.-M., Michel, H., Mudrack, T., Peche, N., Schäfer, F., & Schäfer, M. (2013). Alles gleich, alles anders? Ein Status quo-Vergleich 2003–2013 für die neuen Länder aus kommunaler und kommunalwirtschaftlicher Sicht. Studie des Verbundnetz für kommunale Energie (VfkE). Berlin. www.unternehmerin-kommune.de. Zugegriffen: 3. März 2020.

Reckwitz, A. (2019). *Das Ende der Illusionen. Politik, Ökonomie und Kultur in der Spätmoderne*. Berlin: Edition Suhrkamp.

Schäfer, M. (2014). *Kommunalwirtschaft. Eine gesellschaftspolitische und volkswirtschaftliche Analyse*. Wiesbaden: Springer Gabler.

Schäfer, M., & Rethmann, L. (2020). *Öffentlich-Private Partnerschaften. Auslaufmodell oder eine Strategie für kommunale Daseinsvorsorge?* Wiesbaden: Springer Gabler.

Schäfer, M. (2018a). Kommunalwirtschaft. In: Gabler Wirtschaftslexikon. https://wirtschaftslexikon.gabler.de. Zugegriffen: 2. Apr. 2020.

Schäfer, M. (2018b). Öffentlich-Private Partnerschaften (ÖPP). In: Gabler Wirtschaftslexikon. https://wirtschaftslexikon.gabler.de. Zugegriffen: 2. Apr. 2020.

Schäfer, M. (2020a). Daseinsvorsorge. In: Gabler Wirtschaftslexikon. https://wirtschaftslexikon.gabler.de. Zugegriffen: 2. Apr. 2020.

Schäfer, M. (2020b). Daseinsvorsorge-Infrastrukturen. In: Gabler Wirtschaftslexikon. https://wirtschaftslexikon.gabler.de. Zugegriffen: 2. Apr. 2020.

© Springer Fachmedien Wiesbaden GmbH, ein Teil von Springer Nature 2020
M. Schäfer und L. Rethmann, *Öffentlich-Private Daseinsvorsorge (ÖPD) in Deutschland*, essentials, https://doi.org/10.1007/978-3-658-31100-1

ЁЁЁЁЁ Ё

Schäfer, M. (2020c). Kritische Daseinsvorsorge-Infrastrukturen. In: Gabler Wirtschaftslexikon. https://wirtschaftslexikon.gabler.de. Zugegriffen: 2. Apr. 2020.

Schäfer, M. (2020d). Öffentlich-Private Daseinsvorsorge (ÖPD). In: Gabler Wirtschaftslexikon. https://wirtschaftslexikon.gabler.de. Zugegriffen: 5. Apr. 2020.

Tkalec, M. (08. April 2020). Aus den Trümmern der Treuhand. *Berliner Zeitung*, S. 3.

Wimmer, R., Domayer, E., Oswald, M., & Vater, G. (2018). *Familienunternehmen – Auslaufmodell oder Erfolgstyp?* (3 überarbeitete). Wiesbaden: Springer Gabler.

Weitere Literaturangaben aus der Bibliografie von Schäfer, Michael und Rethmann, Ludger, 2020: Öffentlich-Private Partnerschaften. Auslaufmodell oder eine Strategie für kommunale Daseinsvorsorge? Wiesbaden, Springer Gabler

30.000 Menschen leben in Noteinrichtungen. (20. Februar 2018). *Tagesspiegel*. www.tagesspiegel.de. Zugegriffen: 25. Nov. 2018.

Allianz pro Schiene. www.allianz-pro-schiene.de. Zugegriffen: 5. Okt. 2018.

Ambrosius, G. (2008). Konzeptionen öffentlicher Dienstleistungen in Europa. In: WSI Mitteilungen 10.

Ambrosius, G., Petzina, D., & Plumpe, W. (2006). *Moderne Wirtschaftsgeschichte. Eine Einführung für Historiker und Ökonomen*. Berlin: De Gruyter.

Bahn baut sich Milliardengrab. (19. April 2018). *Stuttgarter Zeitung*. www.stuttgarter-zeitung.de. Zugegriffen: 16. Mai 2019.

Bahnsen, U., Schmidt, F., Schmidt-Trenz, H., Leutner, H., & Rutz, M. (2011). *Ein magischer Ort. Hamburg freut sich auf die Elbphilharmonie*. Hamburg: Klaus Schümann Verlag.

Bald eine Milliarde Miese. (3. November 2010). *Frankfurter Rundschau*.

Baumgärtner, F., Eßner, T., & Scharping, R. (Hrsg.). (2009). *Public Private Partnership in Deutschland*. Frankfurt a. M: F.A.Z.-Institut für Management-, Markt- und Medieninformationen GmbH.

Bauruine BER – Ein Lexikon des Wahnsinns. (11. März 2017). *Welt online*. www.welt.de. Zugegriffen: 16. Mai 2019.

Bärthel, H. (1997). *Wasser für Berlin*. Berlin: Verlag Bauwesen.

Becker, S., & Wassermann, A. (7/2018). Mautfirma stellte dem Bund 300 Millionen Euro zu viel in Rechnung. *Der Spiegel*. Hamburg.

Berlin Brandenburg International (BBI). (1993). Ergebnisse der Standortsuche. Zusammenfassung der Gutachten. Berlin.

Bernhardt, C. (2009). Die Grenzen der sanitären Moderne – Aufstieg und Krise der Wasserpolitik in Berlin-Brandenburg 1900–1937. In C. Bernhardt, H. Kilper, & T. Moss (Hrsg.), *Im Interesse des Gemeinwohls. Regionale Gemeinschaftsgüter in Geschichte, Politik und Planung*. Frankfurt: Campus.

Beteiligungsbericht des Bundes, 2017, Stand Februar 2018, Bundesministerium der Finanzen, Bundesanzeiger Verlagsgesellschaft mbH, Köln, 2018.

Bewirtschaftung der Schulen. *Landkreis Offenbach*. www.kreis-offenbach.de. Zugegriffen: 11. Febr. 2019.

Bocken, N. M. P., Geissdoerfer, M., Hultink, E. J., & Savaget, P. (2017). The Circular Economy – A new sustainability paradigm? *Journal of Cleaner Production, 143,* 757–768.

Bogumil, J., Pielow, J.-C., Ebbinghaus, J., Gerber, S., & Kohrsmeyer, M. (2010). Die Gestaltung kommunaler Daseinsvorsorge im Europäischen Binnenmarkt. Empirische Untersuchung zu den Auswirkungen des europäischen Beihilfe- und Vergaberechts insbesondere im Abwasser- und Krankenhaussektor sowie in der Abfallentsorgung. Ministerium für Bundesangelegenheiten, Europa und Medien des Landes Nordrhein-Westfalen. Düsseldorf.

Bonsen, G., Thiedemann, M., & Heesch, S. (04. Mai 2016). Eine Woche für einen Brief. Dänemark reißt der Post ein Bein aus. *SHZ – Nachrichten aus Schleswig-Holstein.* Flensburg.

Breuel, B. (1993). *Treuhand intern. Tagebuch. Ullstein.* Berlin: Frankfurt a. M.

Brown's London Underground public-private partnership wound up. (8. Mai 2010). *The Telegraph.* www.telegraph.co.uk. Zugegriffen: 21. Nov. 2018.

Brown must rid the tube of these calamitous contracts. (18. Oktober 2005). *The Guardian.* www.theguardian.com. Zugegriffen: 21. Nov. 2018.

BUND. Bund für Umwelt und Naturschutz Deutschland. (2006). Wahnsinn Güterverkehr. Natürlich effizient. Berlin.

Bund zweifelt am Mautmodell für Albaufstieg. (4. März 2008). *Geislinger Zeitung.*

Bund behält Toll Collect. (3/2019). *Der Spiegel.* Hamburg.

Bundesamt für Statistik. Volkswirtschaftliche Gesamtrechnungen. Wichtige Zusammenhänge im Überblick. www.destatis.de. Zugegriffen: 24. Aug. 2018.

Bundesministerium der Finanzen. (2018a). Beteiligungen des Bundes 2017. Bundesanzeiger. Berlin.

Bundesministerium der Finanzen. (2018b). Beteiligungsbericht des Bundes 2017. Bundesanzeiger Verlagsgesellschaft mbH. Köln.

Bundesministerium der Finanzen. Bundeshaushalt. Einzelplan. Erhöhung des Eigenkapitals der Deutschen Bahn AG. www.bundeshaushalt.de. Zugegriffen: 6. Sept. 2019.

Bundesministerium der Finanzen. (2016). Chancen und Risiken Öffentlich-Privater Partnerschaften. Gutachten des Wissenschaftlichen Beirats beim Bundesministerium der Finanzen. www.bundesfinanzministerium.de. Zugegriffen: 8. Okt. 2019.

Bundesministerium der Finanzen. PPP-Projektdatenbank. www.bundesfinanzministerium. de. Zugegriffen: 9. Okt. 2019.

Bundesministerium der Finanzen. (2016). Chancen und Risiken Öffentlich-Privater Partnerschaften. BMF-Druck 02/2016.

Bundesministerium der Justiz und für Verbraucherschutz. Gesetze im Internet. www. gesetze-im internct.dc. Zugegriffen: 9. Sept. 2019.

Bundesministerium der Justiz und für Verbraucherschutz. www.gesetze-im-internet.de. Zugegriffen: 14. Aug. 2019.

Bundesministerium für Gesundheit. Bedeutung der Gesundheitswirtschaft. www.bundesgesundheitsministerium.de. Zugegriffen: 28. Sept. 2018.

Bundesministerium für Umwelt, Naturschutz und nukleare Sicherheit. Die Klimakonferenz in Paris. www.bmu.de. Zugegriffen: 12. Juli 2019.

Bundesministerium für Verkehr und digitale Infrastruktur. Relaunch des Breitbandförder-programms. www.bmvi.de. Zugegriffen: 6. Sept. 2019.

Bundesministerium für Verkehr, Bau und Stadtentwicklung/Finanzgruppe Deutscher Sparkassen- und Giroverband (Hrsg.). (2009). PPP-Handbuch. Leitfaden für Öffentliche-Private Partnerschaften, vvb Vereinigte Verlagsgesellschaft mbH & Co. KG. Bad Homburg.

Bundesministerium für Verkehr, Bau- und Wohnungswesen. Projekte nach dem Betreiber-modell gemäß Fernstraßenbauprivatfinanzierungsgesetz (F-Modell). www.bmvi.de. Zugegriffen: 7. Sept. 2019.

Bundesministerium für Wirtschaft und Energie. Monitoring-Bericht der Bundesregierung zur Anwendung des Vergaberechts 2017. www.bmwi.de. Zugegriffen: 29. Mai 2019.

Bundesrechnungshof. (2009). Gutachten zu Öffentlich Privaten Partnerschaften (ÖPP) im Bundesfernstraßenbau. 5. Januar 2009. V 3-2006-0201.

Bundesrechnungshof. (2014). Bericht an den Haushaltsausschuss des Deutschen Bundes-tages. Nach § 88 Abs. 2 BHO. Über Öffentlich-Private-Partnerschaften (ÖPP) als Beschaffungsvariante im Bundesfernstraßenbau. Bonn.

Bundestag beschließt Pflegepaket. *Mitteldeutscher Rundfunk*. www.mdr.de. Zugegriffen: 23. Nov. 2018.

Bundesverfassungsgericht. Urteil des Ersten Senats vom 22. Februar 2011. 1 BvR 699/06.

Bundesverfassungsgericht. Leitsätze zum Urteil des Ersten Senats vom 22. Februar 2011. 1 BvR 699/06. www.bundesverfassungsgericht.de. Zugegriffen: 8. Okt. 2019.

Böll, S. (02. Dezember 2015). Die Lebenslüge von der profitablen Deutschen Bahn. *Spiegel Online*. www.spiegel.de. Zugegriffen: 20. Aug. 2018.

Cambridge University (2000). Special Report: Emission Scenarios. Cambridge University Press, Cambridge.

Central Intelligence Agency. CIA World Factbook. Langley VA/USA 2018.

Centre for crime and justice studies. Redefining corruption. Public attitudes to the relation-ship between government and business. Mai/2016. www.crimeandjustice.org.uk. Zugegriffen: 21. Nov. 2018.

Chamakou, K. (2011). *Die Öffentlich-Private Partnerschaft als neues Handlungsinstrument zwischen öffentlichem Recht und Zivilrecht. Eine rechtsvergleichende Studie zu Struktur und Funktion*. Hamburg: Verlag Dr. Kovac.

Der lange Weg zum Zebrastreifen. (18. Dezember 2018). *Berliner Zeitung*.

Deutsche Flugsicherung wird privatisiert. (7. April 2006). *Welt online*. www.welt.de. Zugegriffen: 14. Aug. 2019.

Deutsche Bahn AG. (1995). Jahrbuch des Eisenbahnwesens. Folge 45 – 1994/95. Darm-stadt: Hestra-Verlag.

Deutsche Bundesbank. Deutsche Staatsschulden – www.bundesbank.de. Zugegriffen: 28. Juli 2019.

Deutsche Bundesregierung. Beteiligungsbericht 2016.

Deutscher Bundestag. Grundgesetz-Änderungsgesetze. www.bundestag.de. Zugegriffen: 6. Sept. 2019.

Deutscher Bundestag. www.bundestag.de/statistik. Zugegriffen: 3. Juni 2018.

Deutsche Flugsicherung. Die Geschichte der Deutschen Flugsicherung. www.dfs.de. Zugegriffen: 14. Aug. 2019.

Deutschland, P. D. (2006). *Praxishandbuch Public Private Partnership*. München: Beck.

Deutschland verfehlt Klimaziele für 2020. *Süddeutsche Zeitung.* www.sueddeutsche.de. Zugegriffen: 23. Juni 2019.

Die Abgreifer von Köln. (20. Oktober 2005). *Manager-Magazin.*

Die Familienunternehmer. Positionen. www.familienunternehmer.eu. Zugegriffen: 9. Aug. 2019.

Diepgen, E., & Rzepka, P. (2005). Die Ursachen der Berliner Haushaltsnotlage. Civis mit Sonde. Bensheim.

Down the tube. How PPP deal is costing London. (21. Februar 2005). *The Guardian.* www.theguardian.com. Zugegriffen: 21. Nov. 2018.

Düngegesetzgebungsverfahren/VKU-Langzeitstudie: Bürger sorgen sich um Wasserressourcen. (22. November 2017). *Verband kommunaler Unternehmen.* www.vku.de. Zugegriffen: 19. Mai 2019.

Edeling, T., Reichard, C., Richter, P, & Brandt, S. (2006). Kommunalwirtschaft im gesamtwirtschaftlichen Kontext. Eine vergleichende Analyse der neuen und alten Bundesländer unter besonderer Berücksichtigung des Landes Brandenburg. Kommunalwissenschaftliches Institut der Universität Potsdam. Potsdam.

Eggers, M. (2004). *Public private partnership. Eine strukturierende Analyse auf der Grundlage von ökonomischen und politischen Potentialen.* Frankfurt a. M: Lang.

Ehlerding, S. (07. September 2017). Deutschland verfehlt seine Klimaziele deutlich. *Tagesspiegel.* www.tagesspiegel.de. Zugegriffen: 20. Aug. 2018.

Ehrenburger wird 70. (21. November 2002). *Taz Köln.*

Eicker-Wolf, K. (2017). *Einstürzende Schulbauten.* Frankfurt: Gewerkschaft Erziehung und Wissenschaft Hessen.

Eine verhängnisvolle Affäre. (14. Juli 2010). *Kölner Stadt-Anzeiger.*

Emissionsdaten. (13. März 2018). *Umweltbundesamt.* www.umweltbundesamt.de. Zugegriffen: 7. Sept. 2019.

Engartner, T. (2016). *Staat im Ausverkauf. Privatisierung in Deutschland.* Frankfurt a. M.: Campus.

Engels, D. (2009). *Die Postreform in Deutschland. Eine Rückschau.* Stuttgart: Kohlhammer.

Entsetzen über Kostenschub bei Schulsanierungen. (17. Januar 2015). *Offenbach Post.*

Es brennt. (8. Juli 2012). *Frankfurter Allgemeine Sonntagszeitung.* www.faz.net. Zugegriffen: 15. Mai 2019.

Europäische Kommission. Dienstleistungen von allgemeinem Interesse. https://ec.europa.eu. Zugegriffen: 7. Sept. 2019.

Europäische Kommission. Single European Sky. https://ec.europa.eu. Zugegriffen: 2. Mai 2019.

FDP: Trennung von Netz und Betrieb überfällig. (26. November 2018). *Welt online.* www.welt.de. Zugegriffen: 17. März 2019.

Familien-Unternehmen Definition. *Institut für Mittelstandsforschung.* www.ifm-bonn.org. Zugegriffen: 9. Aug. 2019.

Fast nicht beherrschbar. Flughafenchef Lütke Daldrup berichtet in der IHK, woran große Bauprojekte wie der BER kranken. (13. Februar 2018). *Berliner Zeitung.* Berlin.

Fauler Kompromiss um Toll Collect? (20/2018). *Der Spiegel.* Hamburg.

Fetscher, I. (Hrsg.). (2004). *Karl Marx Friedrich Engels. Studienausgabe in 5 Bänden, Band V, Prognose und Utopie.* Berlin: Aufbau Taschenbuch Verlag.

Fiasko auf der Schnelltrasse. (14. Februar 2019). *Süddeutsche Zeitung*. www.sueddeutsche. de. Zugegriffen: 16. Mai 2019.

Flugsicherung soll vor allem billiger werden. (24. Oktober 2006). *Handelsblatt*. www. handelsblatt.com. Zugegriffen: 3. Juli 2019.

Fockenbrock, D. (24. Juli 2019). Monopolkommission empfiehlt Aufspaltung der Deutschen Bahn. *Handelsblatt*. www.handelsblatt.de. Zugegriffen: 6. Sept. 2019.

Focus. Die Sperenberg-Offensive. Focus 1/1996.

Forsthoff, E. (1938). *Die Verwaltung als Leistungsträger*. Stuttgart: Kohlhammer.

Forsthoff, E. (1958). *Die Daseinsvorsorge und die Kommunen*. Köln-Marienburg: Sigillium-Verlag.

Forum Neue Länder. Kooperation macht alle stärker. Interview mit Gabriele Wolter, Geschäftsführerin der Städtisches Klinikum Brandenburg GmbH. 2/2007. Berlin.

Franz, T. (2005). *Gewinnerzielung durch kommunale Daseinsvorsorge*. Tübingen: Mohr/ Siebeck.

Franziskus, P. (2015a). *Evangelii gaudium* (1. Aufl.). Wiesmoor: Die Freude des Evangeliums. Adlerstein Verlag.

Franziskus, P. (2015b). *Laudato si. Über die Sorge für das gemeinsame Haus* (3. Aufl.). Stuttgart: Verlag Katholisches Bibelwerk.

Friedman, M. (1962). *Capitalism and Freedom*. Chicago: Chicago University Press.

Funk, A. (16. Juni 2015). Die wilden Zeiten sind vorbei. *Tagesspiegel*. Berlin.

Gabler Wirtschaftslexikon. Begriff: Öffentlich-Private Daseinsvorsorge. www.wirtschafts-lexikon.gabler.de. Zugegriffen: 31. Jan. 2020.

Gawel, E. (2005). Private Finanzierung von Fernstraßen. Erfahrungen und Probleme. In: Wirtschaftsdienst 3/2005.

Gatzke, N. (2010). *Public Private Partnerships und öffentliche Verschuldung. PPP-Modelle im Licht deutscher und europäischer Verschuldungsregeln und ihre Transparenz in den öffentlichen Haushalten*. Frankfurt a. M: Lang.

Gehrke, D. (2013). Die Privatisierung der Universitätskliniken Gießen und Marburg. In K. Eicker-Wolf & S. Körzell (Hrsg.), *Hessen vorne?* Darmstadt: Büchner-Verlag.

Gericht weist Millionen-Klage von A1-Betreiber ab. (7. September 2018). *Die Zeit*. Hamburg.

Greveler, U. (2019). Daseinsvorsorge im Visier der Hacker. In: Alternative Kommunal Politik (AKP), Organ des Vereins zur Förderung kommunalpolitischer Arbeit – Alternative Kommunal Politik e. V., Bielefeld, Ausgabe 2/2019, S. 22 f.

Größtes Finanzierungsmodell vor Neubewertung. (17. Mai 2017). *Frankfurter Neue Presse*.

HM treasury. A new approach to public private partnerships. London 2012. www.minfin. bg. Zugegriffen: 21. Nov. 2018.

Hamburg Tourismus. Beherbergungsentwicklung 2006–2017. www.hamburg-tourismus.de. Zugegriffen: 12. März 2019.

Hamburgische Bürgerschaft. Bericht des Parlamentarischen Untersuchungsausschusses „Elbphilharmonie". vom 3. April 2014.

Hans, S., & Schneider, J. (17. Mai 2010). Koalition nimmt Köhler beim Wort. *Süddeutsche Zeitung*. www.sueddeutsche.de. Zugegriffen: 12. Juni 2019.

Herrentunnel. Umstrittenes Bauwerk feiert seinen 10. Geburtstag. (28. August 2015). *Lübecker Nachrichten*.

Hessischer Landesrechnungshof. Jahresbericht 2008.

Hessischer Landesrechnungshof. Jahresbericht 2015.

Himmelmann, G. (1986). Geschichtliche Entwicklung der öffentlichen Wirtschaft. In: Die Unternehmen der öffentlichen Wirtschaft in der Bundesrepublik Deutschland.

Huesker, F. (2011). *Kommunale Daseinsvorsorge in der Wasserwirtschaft. Auswirkungen der Privatisierung am Beispiel der Wasserbetriebe Berlins.* München: oekom Verlag.

Hönig, A. (27./28. Juli 2019). Mehr Geld für die Gleise. *Berliner Zeitung.* Berlin.

Interview mit Ex-Landrat Peter Walter zu PPP. (30. Januar 2015). *Offenbach Post.*

Ital, B. K. (1996). *Die Politik der Privatisierung in Großbritannien unter der Regierung Margaret Thatcher.* Aachen: Shaker Verlag.

Jahberg, H. (01. April 2018). Privatisierung von Staatskonzernen. Fluch oder Segen? *Tagesspiegel.* Berlin.

Jahberg, H. (26. Juli 2019). Zu viel Gülle. *Tagesspiegel.*

Jahresbericht 2017. Internationaler Währungsfonds (IWF). www.imf.org. Zugegriffen: 21. Nov. 2018.

Jahrhundertflop. Warum kaum jemand den Lübecker Herrentunnel nutzt. (21. Mai 2016). *SHZ.de.* www.shz.de. Zugegriffen: 20. Aug. 2019.

Kassebohm, C. (2019). Laufzeiten und Änderungen von Entsorgungsverträgen. In: AbfallR – Zeitschrift für das Recht der Abfallwirtschaft. Berlin: Lexxion Verlag.

Keine Zeit für langwierige Verhandlungen. (5. September 2005). *Kölner Stadt-Anzeiger.*

Kersten, J. (2009). Wandel der Daseinsvorsorge – Von der Gleichwertigkeit der Lebensverhältnisse zur wirtschaftlichen, sozialen und territorialen Kohäsion In: Daseinsvorsorge. Eine gesellschaftswissenschaftliche Annäherung, Claudia Neue (Hrsg.). VS Verlag für Sozialwissenschaften. Wiesbaden.

Kirbach, R. (15. Juli 2010). Deutschlands gefährlichste Straße. *Die Zeit.* Hamburg.

Klaus, R. (16. Dezember 2018). Vier Wände und ein Problemfall. *Tagesspiegel.* Berlin.

Klein, N. (2015). *Die Entscheidung. Kapitalismus vs. Klima* (1. Aufl.). Frankfurt a. M: Fischer .

Klimabilanz 2017. Emissionen gehen leicht zurück. (26. März 2018). *Umweltbundesamt.* www.umweltbundesamt.de. Zugegriffen: 20. Aug. 2018.

Knapp 6.500 Kilometer Bahnstrecke in Deutschland seit 1990 stillgelegt. (10. Juni 2019). *Welt online.* www.welt.de. Zugegriffen: 11. Juni 2019.

Knierim, B., & Wolf, W. (2014). *Bitte umsteigen! 20 Jahre Bahnreform.* Stuttgart: Schmetterling Verlag.

Kosten für BER übersteigen sieben Milliarden Euro. (23. Februar 2018). *Spiegel Online.* www.spiegel.de. Zugegriffen: 16. Mai 2019.

Kreditanstalt für Wiederaufbau. KfW-Kommunalpanel 2016. Frankfurt a. M. 2016.

Kreide, R. (18. Juni 2019). Die unbezähmbare Kraft von Öffentlichkeit. *Tagesspiegel.*

Kreis erwartet Rekordeinnahmen. (20. Juli 2016). *Frankfurter Rundschau.*

Kreis und Strothoff vorm Schiedsgericht. (22. Juni 2011). *Frankfurter Rundschau.*

Kreis Offenbach legt Haushalt 2019 vor. (11. Dezember 2018). *Landkreis Offenbach.*

Lauck, D. (26. März 2018). Tagesschau. Warum Deutschland hinterherhinkt. *Norddeutscher Rundfunk.* www.tagesschau.de. Zugegriffen: 15. März 2019.

Lämmerzahl, T. (2007). *Die Beteiligung Privater an der Erledigung öffentlicher Aufgaben. Eine Untersuchung ihrer verfassungs- und verwaltungsrechtlichen Möglichkeiten und Grenzen.* Berlin: Duncker & Humblot.

Lehrke, G. (13. Februar 2018). Fast nicht mehr beherrschbar. *Berliner Zeitung.* Berlin.

Leinemann, R., & Thomas, K. (2006). *ÖPP-Projekte konzipieren – Ausschreiben – Vergeben. Praxisleitfaden für Auftraggeber und Bieter*. Köln: Bundesanzeiger Verlagsgesellschaft mbH.

Liedtke, R. (2007). *Wir privatisieren uns zu Tode. Wie uns der Staat an die Wirtschaft verkauft*. Frankfurt a. M.: Eichborn.

Linde, C. (2018). Hilfe mit hohen Hürden. 12/2018. *Motz, Berliner Straßenmagazin*. Berlin.

Linke, F. (2011). Genesis des Begriffs Daseinsvorsorge und Überlegungen zu einer dynamischen Definition als Reflexion sich verändernder demografischer und fiskalischer Rahmenbedingungen, Erfurt.

Lohnt sich das Spektakel? (10. Januar 2019). *Zeit online*. www.zeit.de. Zugegriffen: 16. Mai 2019.

Loriot. (2006). *Männer & Frauen passen einfach nicht zusammen*. Zürich: Diogenes.

Lotsen kritisieren Airlines und Flugsicherung. (17. Juli 2018). *Airliners (Luftverkehrsportal)*. www.airliners.de. Zugegriffen: 12. Jan. 2019.

Mann, T. (2002). *Die öffentlich-rechtliche Gesellschaft. Zur Fortentwicklung des Rechtsformenspektrums für öffentliche Unternehmen*. Tübingen: Mohr Siebeck.

Marx, K. (1983). Grundrisse der Kritik der politischen Ökonomie. In: Karl Marx Friedrich Engels Werke. Dietz Verlag Berlin. Bd. 42.

Maut am Herrentunnel auch für Linienbusse. (9. Dezember 2009). *SHZ.de*. www.shz.de. *Zugegriffen: 23. Aug. 2019*.

Mehrheit im Ilm-Kreis stimmt für eine kommunale Müllentsorgung. (24. März 2014). *Thüringer Allgemeine*.

Meyer, M. (2011). *Die gescheiterte Bahnreform*. Darmstadt: Büchner-Verlag.

Modifiziertes Haushaltssicherungskonzept zum Doppelhaushalt 2017/2018 liegt vor. (24. Oktober 2017). *Focus online*.

Mortsiefer, H. (11. September 2018). Störung im Betriebsablauf. *Tagesspiegel*. Berlin.

Mühlenkamp, H. (2011). Ökonomische Analyse von Public Private Partnerships (PPP) – PPP als Instrument zur Steigerung der Effizienz der Wahrnehmung öffentlicher Aufgaben oder als Weg zur Umgehung von Budgetbeschränkungen. In J. Ziekow (Hrsg.), *Wandel der Staatlichkeit und wieder zurück? Die Einbeziehung Privater in die Erfüllung öffentlicher Aufgaben (Public Private Partnership) in/nach der Weltwirtschaftskrise*. Baden-Baden: Nomos Verlag.

Mühlenkamp, H. (2016). Öffentlich-Private Partnerschaften – Potentiale und Probleme. (Herausgeber), Nomos, Baden-Baden.

National Air Traffic Services. Our history. www.nats.aero. Zugegriffen: 17. Febr. 2019.

Neue Millionenspritze für Flugsicherung. Gebühren sollen sinken. (8. November 2016). *Handelsblatt*. www.handelsblatt.com. Zugegriffen: 5. Apr. 2019.

Neues Verfahren: Wie aus Plastikverpackung wieder Öl wird. *Mitteldeutscher Rundfunk*. www.mdr.de. Zugegriffen: 14. Mai 2019.

Neumann, P. (10. Juni 2018). S-Bahn hält nicht mehr überall. *Berliner Zeitung*. Berlin.

Noch nicht im Jahr 2018 angekommen. (25. November 2018). *Spiegel online*. www.spiegel.de. Zugegriffen: 19. Apr. 2019.

Noltensmeier, S. (2009). *Public Private Partnership und Korruption*. Berlin: Duncker & Humblot.

Ochmann, D. (2005). *Rechtsformwahrende Privatisierung von öffentlich-rechtlichen Aufgaben. Dargestellt am Holding-Modell zur Teilprivatisierung der Berliner Wasserbetriebe.* Baden-Baden: Nomos Verlag.

PPP in Offenbach. Umstrittene Schulsanierung. (27. Mai 2010). *Frankfurter Rundschau.*

Patel, R., & Moore, J. W. (2018). *Entwertung. Eine Geschichte der Welt in sieben billigen Dingen* (1. Aufl.). Berlin: Rowohlt Berlin Verlag.

Paul, U. (13. Oktober 2017). Scharfe Rüge für Finanzminister Schäuble. *Berliner Zeitung.* Berlin.

Pirnay, M. (2008). *Public private partnerships und deren Einordnung in das europäische Wettbewerbsrecht.* Frankfurt a. M.: Lang .

Polansky, M. (27. Juli 2018). Tagesschau. Bund verhindert Chinas Einstieg ins Stromnetz. *Norddeutscher Rundfunk.* www.tagesschau.de. Zugegriffen: 15. März 2019.

Proeller, I. Definition Gemischtwirtschaftliches Unternehmen. Gabler Wirtschaftslexikon. https://wirtschaftslexikon.gabler.de. Zugegriffen: 8. Aug. 2018.

Prognos AG. Zukunftsatlas 2016. www.prognos.com. Zugegriffen: 7. Sept. 2019.

Projektdatenbank Öffentliche Hand. *PD – Berater der öffentlichen Hand GmbH.* ppp-projektdatenbank.de. Zugegriffen: 14. Aug. 2018.

Projektdatenbank Öffentliche Hand der PD – Berater der öffentlichen Hand GmbH, Internetrecherche am 14. 08. 2018.

RTL bleibt in Köln. (1. August 2003). *Handelsblatt.*

Ramsauer sagt Bahnreform ab. (18. August 2013). *Spiegel Online.* www.spiegel.de. Zugegriffen: 6. Sept. 2019.

Rathaus consult. Bei uns wird der Private zeigen, was er kann. Interview mit Roland Koch, Ministerpräsident des Landes Hessen. 11/2006. Rheinbach.

Rave, K. (16. Dezember 2018). Vier Wände und ein Problemfall. *Tagesspiegel.* Berlin.

Remondis SE & Co. KG: Remondis Aktuell. Lünen. 01/2019

Rennefanz, S. (17. Oktober 2017). Editorial. *Berliner Zeitung.* Berlin.

Rethmann, L. (1989). *Transport von Sondermüll. Ein Vergleich Schiene/Straße aus abfallwirtschaftlicher und gefahrgutrechtlicher Sicht.* Berlin: Erich-Schmidt-Verlag.

Rexer, A. (27. Oktober 2016). Der Mann, der die „T-Aktie" unters Volk brachte. *Süddeutsche Zeitung.* München.

Rippegather, J. (12. Januar 2016). Geschichte der Abschreckung. *Frankfurter Rundschau online.* www.fr.de. Zugegriffen: 15. Mai 2019.

Rippegather, J. (21. Mai 2017). Land verzichtet auf Einfluss bei Rhön. *Frankfurter Rundschau online.* www.fr.de. Zugegriffen: 5. Juni 2019.

Rippegather, J., & von Bebenburg, P. (12. Januar 2016). Unikliniken in Hessen. Erfolgsgeschichte oder einmaliges Scheitern. *Frankfurter Rundschau online.* www.fr.de. Zugegriffen: 15. Mai 2019.

Roesler, J. (1993). Die Treuhandanstalt. Wirtschaftsimperium oder Politikinstrument. In R. Liedtke (Hrsg.), *Die Treuhand und die zweite Enteignung der Ostdeutschen.* München: Spangenberg.

Rometsch, J. (18. Januar 2016). Ein Ende mit Schrecken. Leipzig büßt 41 Millionen Euro bei US-Leasing ein. *Leipziger Volkszeitung.* Leipzig.

Röber, M. (2009). Privatisierung áde. In: Verwaltung & Management. Nomos. Baden-Baden.

Rösch, A. (2008). Das A-Modell im Bundesautobahnbau. Bau, Erhaltung, Betrieb und Finanzierung von Bundesautobahnabschnitten durch Private und Refinanzierung auf Grundlage der Autobahnmaut. In G. Manssen (Hrsg.), *Regensburger Beiträge zum Staats- und Verwaltungsrecht*. Frankfurt a. M: Lang.

Rügemer, W. (2004). *Cross Border Leasing. Ein Lehrstück zur globalen Enteignung der Städte*. Münster: Dampfboot Verlag.

Rügemer, W. (2008a). *Privatisierung in Deutschland. Von der Treuhand zu Public Private Partnership*. Münster: Westfälisches Dampfboot Verlag.

Rügemer, W. (2008b). *„Heuschrecken" im öffentlichen Raum: Public Private Partnership – Anatomie eines globalen Finanzinstruments*. Bielefeld: transcript.

Rügemer, W. (2011). *Heuschrecken im öffentlichen Raum. Public Private Partnership. Anatomie eines globalen Finanzinstruments* (2 akt. und erw.). Bielefeld: transcript.

Rügemer, W. (2013). JVA Hünfeld: Chronologie eines voraussehbaren Desasters. In K. Eicker-Wolf & S. Körzell (Hrsg.), *Hessen vorne?* Darmstadt: Büchner-Verlag.

S-Bahn Berlin. Linien und Bahnhöfe. www.s-bahn-berlin.de. Zugegriffen: 20. Aug. 2018.

Sabol, P., & Puentes, R. (2014). *Private capital, public good. Drivers of successful infrastructure public-private-partnerships*. Washington D.C.: Brookings Institution.

Sassen, S. (1991). *The global city, New York, London, Tokyo* . Princeton: Princeton University Press .

Schlieter, K. (6./7. September 2019). Das Prognose-Problem. *Berliner Zeitung*. Berlin.

Schmale, H. (30. Juni 2018). Es war einmal. *Berliner Zeitung*. Berlin.

Schmidt, T. E. (10. Oktober 2007). Mehdorn. *Zeit Online*. www.zeit.de. Zugegriffen: 4. Juli 2018.

Schulleiter sind sauer. (6. September 2012). *Frankfurter Rundschau*.

Schuppert, G. F. (1998). Die öffentliche Verwaltung im Kooperationsspektrum staatlicher und privater Aufgabenerfüllung. Erscheinungsformen von Public Private Partnership als Herausforderung an Verwaltungsrecht und Verwaltungswissenschaft. In D. Budäus & P. Eichhorn (Hrsg.), *Organisationswandel öffentlicher Aufgabenwahrnehmung*. Nomos: Baden-Baden.

Schäfer, M., & Otto, S.-J. (2016). *Das kommunale Nagelstudio*. Wiesbaden: Springer Fachmedien.

Schäfer, M. (Juni 2016). Breitbandversorgung – Inzwischen (fast) so wichtig wie frisches Wasser. *Unternehmerin Kommune*. Berlin.

Schäfer, M., & Stoffels, M. (2016). Ziele und Ergebnisse von Rekommunalisierungen mit dem Schwerpunkt Rentabilität. Studie im Auftrag der Gasag Berliner Gaswerke AG und Kommunale Energiebeteiligung Thüringen AG. Erfurt. Berlin.

Schäfer, F. (3/2016). Mit den Aufgaben gewachsen. *Unternehmerin Kommune*. Berlin.

Schäfer, M. (2016). Prolog. *Unternehmerin Kommune*. 4/2016, Berlin.

Schönball, R. (12. Januar 2017). Der unendliche Streit ums Dragoner-Areal. Berlin. *Tagesspiegel*.

Schönball, R. (15. Oktober 2014). Streit im Bundestag um teure Bundesimmobilien. *Tagesspiegel*. Berlin.

Schüller, M. (1999). *Wiederaufbau und Aufstieg der Kölner Messe 1946–1956*. Stuttgart: Franz Steiner Verlag.

Seibert, U. (2013). Der Übernahmekampf Porsche/VW und das Schwarze-Peter-Spiel um das VW-Gesetz. Die Aktiengesellschaft. Zeitschrift für das gesamte Aktienwesen, für deutsches, europäisches und internationales Kapitalmarktrecht.

Siebler, F. (2013). Privilegierung von Public-Public-Partnerships im europäischen Vergaberecht. Die Einordnung interkommunaler Kooperation im systematischen Gefüge des europäischen Vergaberechts unter besonderer Berücksichtigung aktueller Entwicklungen in der Spruchpraxis des EuGH. PL Acad. Research. Frankfurt a. M.

Sinn, H.-W. (19. Juli 2019). Wir hätten auf Konrad Adenauer hören sollen! *Wirtschaftswoche*. Düsseldorf.

Sosat, A. (2011). *Public-Private-Partnerships im öffentlichen Krankenhauswesen*. Hamburg: Verlag Dr. Kovač GmbH.

Springer Fachmedien Wiesbaden GmbH (2019) *Gabler Wirtschaftslexikon* (19. Aufl.). Wiesbaden: Springer Gabler.

Stadtsparkasse machte Druck. (14. September 2005). *Kölner Stadt-Anzeiger*.

Startschuss für das Entschuldungsprogramm des Landes ist gefallen. (10. August 2018). *Frankfurter Neue Presse*.

Statista. Das Statistikportal. Die Jahresumsätze 2016 der weltweit führenden Telekommunikationsanbieter. www.statista.de. Zugegriffen: 3. Juni 2018.

Statista. Das Statistikportal. Größte deutsche Unternehmen nach ihrem weltweiten Umsatz im Geschäftsjahr 2017. www.statista.de. Zugegriffen: 25. Juli 2018.

Statistik Bremen. Arbeitslose und gemeldete Stellen in der Stadt Bremerhaven. www. statistik-bremen.de. Zugegriffen: 16. Mai 2019.

Statistisches Bundesamt. Pressemitteilung 151 vom 27. April 2018. Wiesbaden.

Stoltenberg, G. (1984). Ein Beitrag zur Erneuerung der Wirtschaft. In: Wirtschaftsdienst 2/1984.

Stoppt die Gülle-Verschmutzung – Schützt unser Wasser! (27. Februar 2018). *Bundesverband der Energie- und Wasserwirtschaft*. www.bdew.de. Zugegriffen: 3. März 2019.

Studie des Umweltbundesamtes: Ausgaben für Trinkwasseraufbereitung in mit Nitrat belasteten Gebieten steigen. (10. Juni 2017). *Verband kommunaler Unternehmen*. www. vku.de. Zugegriffen: 5. Mai 2019.

Stuttgart-21-Gegner wittern ihre Chance. (31. März 2009). *Stuttgarter Zeitung*. www. stuttgarter-zeitung.de. Zugegriffen: 16. Mai 2019.

Szent-Ivanyi, T. (12. Oktober 2017). Verzögerungen im Betriebsablauf. *Berliner Zeitung*. Berlin.

Tagesschau. 36.000 Stellen in der Pflege unbesetzt. *Norddeutscher Rundfunk*. www.tagesschau.de. Zugegriffen: 23. Nove. 2018.

Thames Water muss sparen. (28. August 2006). *Financial Times Deutschland*.

The failure of Metronet. (5. Juni 2009). *National Audit Office*. www.nao.org.uk. Zugegriffen: 21. Nov. 2018.

Theiner, J. (16. Januar 2019). Bremen und Bremerhaven legen Finanzstreit bei. *Weser-Kurier*. www.weser-kurier.de. Zugegriffen: 11. Sept. 2019.

Tobias, H. (2011). Bundesamt für Bauwesen und Raumordnung. Verkäufe kommunaler Wohnungsbestände. Ausmaß und aktuelle Entwicklung. Informationen zur Raumentwicklung. Heft 12/2011. www.bbsr.bund.de. Zugegriffen: 25. Nov. 2018.

Untersuchung zu Strothoff-Schule. (30. April 2010). *Frankfurter Rundschau*.

Uttich, S. (13. Juli 2011). Privatisierung. Kommunen halten an ihren Wohnungen fest. *FAZ online*. www.faz.net. Zugegriffen: 25. Nov. 2018.

Verantwortlich für schleichende Erosion der Leistungen ist der Bund. (3/2016). *Unternehmerin Kommune*. Berlin.

Verband der Automobilindustrie. Güterverkehr in Deutschland – www.vda.de. Zugegriffen: 5. Aug. 2019.

Verband der Unversitätsklinika Deutschlands. www.universitätsklinika.de. Zugegriffen: 20. Juni 2018.

Viele Investoren haben Auge auf Flugsicherung geworfen. (22. Februar 2006). *Frankfurter Allgemeine Zeitung*. www.faz.net. Zugegriffen: 15. Mai 2019.

v. d. Heyden, C. (2007). *Die Einführung und das System der deutschen Lkw-Maut und dessen Auswirkungen auf Transportunternehmen*. Norderstedt: GRIN Verlag.

von Gerkan, M. (2013). *Black Box BER*. Berlin: Quadriga Verlag.

Vorläufiges Aus für PPP-Projekt im Kreis. (18. Mai 2017). *Offenbach Post*.

Wacket, M. (2008). *Mehdorn, die Bahn und die Börse. Redline Wirtschaft*. München: FinanzBuch Verlag.

Waigel, T. (29. September 1990). Ohne Eigentum keine Motivation. Die Rolle der Treuhandanstalt in der DDR. *Bayernkurier*.

Was heißt Sozialismus für Sie, Kevin Kühnert? (Interview). (1. Mai 2019). *Zeit online*. www.zeit.de. Zugegriffen: 25. Mai 2019.

War es Bestechung? Treiber des Messehallen-Geschäfts stehen in Köln vor Gericht. (12. September 2017). *Kölner Stadt-Anzeiger*.

Weil der Bund eigene Immobilien zum Höchstpreis verkauft, treibt er in Berlin die Mieten hoch. (15. Oktober 2014). *Tagesspiegel*. Berlin.

Weisheit, S. (2011). *Privatisierung von Bundesautobahnen. Rechtliche Möglichkeiten und Grenzen*. Frankfurt a. M.: Lang.

Wer die Globalisierung will, braucht Verkehrswege. Interview mit Peter Ramsauer. (24. Dezember 2009). *Süddeutsche Zeitung*. München.

Werle, H. (2004). Zwischen Gemeinwohl und Profitinteresse. Erfahrungen bei der Teilprivatisierung der Wasserwirtschaft in Berlin. In: Hintergrund-Materialien 13. Brot für die Welt. Stuttgart.

Weyand, M. (04. April 2019). BDEW-Hauptgeschäftsführer Wasser/Abwasser zur aktuellen Nitratdebatte. *Bundesverband der Energie- und Wasserwirtschaft*. www.bdew.de. Zugegriffen: 6. Apr. 2019.

Wie eine Privatisierung für den Bund richtig teuer wurde. (13. April 2009). *Münchner Merkur*. www.merkur.de. Zugegriffen: 27. März 2019.

Willke, G. (2003). *John Maynard Keynes*. Frankfurt: Campus.

Winkelmann, T. (2012). *Public Private Partnership. Auf der Suche nach Substanz. Eine Effizienzanalyse alternativer Beschaffungsformen auf kommunaler Ebene*. Baden-Baden: Nomos Verlag.

Wird die BER-Eröffnung schon wieder verschoben? (17. November 2018). *Tagesspiegel*. www.tagesspiegel.de. Zugegriffen: 16. Mai 2019.

Wissenschaftsrat. Stellungnahme zur geplanten Privatisierung des Universitätsklinikums Gießen und Marburg vom 11. November 2005. www.wissenschaftsrat.de. Zugegriffen: 30. Aug. 2018.

Wo die Wohnungsnot am größten ist. (15/2017). *Spiegel online*. www.spiegel.de. Zugegriffen: 25. Nov. 2018.

Wolff, S. (2015). *Public-Private Partnerships in Deutschland*. Wiesbaden: Springer Gabler.

Wolmar, C. (2002). *Broken Rails. How privatization wrecked Britain's railways*. London: Aurum Press.

Wolters Kluwer Deutschland. Sittenwidrigkeit von Swapgeschäften einer Gemeinde. https://wolterskluwer.de. Zugegriffen: 20. Nov. 2018.

Zielinski, H. (1997). *Kommunale Selbstverwaltung im modernen Staat*. Opladen: Bedeutung der lokalen Politikebene im Wohlfahrtsstaat. Westdeutscher Verlag.

Printed in the United States
By Bookmasters